CIETAC

ARBITRATION AND LAW

仲裁与法律

第153辑

中国国际经济贸易仲裁委员会
中国国际商会仲裁研究所 | 主办

中国法治出版社
CHINA LEGAL PUBLISHING HOUSE

仲裁与法律
第 153 辑

地　　址：北京市西城区桦皮厂胡同 2 号国际商会大厦 6 层
邮政编码：100035
电　　话：(010)82217788　64646688
传　　真：(010)82217766　64643500
电子信箱：law@ cietac. org
网　　址：http://www. cietac. org

目录 Contents

· 理论探索 ·

· 比较研究 ·

· 立法研究 ·

理论探索

中国区际仲裁裁决籍属认定标准的趋同化研究*

宋连斌**　武振国***

摘　要：中国区际仲裁裁决的籍属认定标准，在碰撞和磨合中出现了趋同化转向。此前，中国内地通过仲裁机构所在地标准认定本法域裁决，香港地区和澳门地区通过仲裁地标准认定本法域裁决。但是，内地—香港、内地—澳门、港澳之间的裁决互认机制，又通过仲裁程序准据法标准或者叠加标准认定外法域裁决。这些标准同时存在，不仅会导致仲裁裁决的籍属认定标准不一致，也会引发裁决撤销管辖权的竞合。如今，随着中国内地民事诉讼法和仲裁法在修改过程中逐渐吸纳仲裁地标准，仲裁地标准实际上已经成为中国各法域的主流实践，这使得法律的趋同化成为一种现实可能。未来，内地与港澳之间可以以仲裁地标准为基础，以仲裁地标准背后的国际私法理论为纽带，使得中国区际仲裁裁决籍属认定标准从差异走向趋同，从趋同走向统一。

关键词：仲裁裁决籍属　仲裁地　仲裁机构所在地　仲裁程序准据法　裁决撤销管辖权

作为一种全球通行的争议解决机制，仲裁裁决的籍属认定标准应当尽可能

* 本文系上海仲裁委员会开放基金项目“亚太仲裁中心建设对仲裁员制度的挑战及其回应”、2023年国家社科基金青年项目“司法数据跨境调取的国际规则构建研究”（项目编号：23CFX070）的阶段性成果。

** 宋连斌，男，湖北蕲春人，中国政法大学教授、博士生导师，法学博士，国内外多家仲裁机构仲裁员，主要从事国际法研究。

*** 武振国，男，北京科技大学文法学院讲师。

保持一致，否则极易引发冲突。① 实践中，中国区际仲裁裁决的籍属认定标准不一致。就认定本法域仲裁裁决而言，中国内地和港澳地区采取的习惯性做法往往有所不同。中国内地长期以来将常设性质的仲裁机构作为案件审理的中心，根据仲裁机构所在地标准认定仲裁裁决籍属。② 港澳地区则主要是以临时性质的仲裁庭作为案件审理的中心，根据仲裁地标准认定仲裁裁决籍属。③ 另外，不同法域认定本法域和外法域仲裁裁决的标准均不一致。例如，根据 2020 年《最高人民法院关于内地与香港特别行政区相互执行仲裁裁决的补充安排》第 2 条，中国内地和香港地区各自根据仲裁程序准据法标准认定对方法域裁决，这与此时双方认定本法域裁决所采用的仲裁地标准或者仲裁机构所在地标准均不一致。根据 2018 年香港《仲裁条例》第 2 条，香港地区根据“仲裁地+仲裁程序准据法标准”的叠加标准认定澳门裁决。根据 2007 年《最高人民法院关于内地与澳门特别行政区相互认可和执行仲裁裁决的安排》第 1 条，澳门地区根据“仲裁机构所在地+仲裁地+仲裁程序准据法标准”的叠加标准认定内地裁决。根据《最高人民法院关于内地与澳门特别行政区相互认可和执行仲裁裁决的安排》第 1 条，中国内地根据“仲裁机构所在地+仲裁员住所地+仲裁程序准据法+仲裁地”的叠加标准执行澳门裁决。与法院认定本法域仲裁裁决所采取的单一标准相比，叠加标准无疑会限缩法律意义上的外法域裁决的数量，而导致一些裁决籍属不明，并最终为仲裁裁决的跨境流通带来困扰。④

不同法域之间仲裁裁决籍属认定标准不一致，不仅会导致一些仲裁裁决在立法模糊地带成为无籍属裁决或者双重籍属裁决，还会导致法院的裁决撤销管辖权在法域层面存在冲突。为了解决这一问题，有必要在“一国两制”的法治框架下，实现中国区际仲裁裁决籍属认定标准的协同创新和趋同化。可喜的是，中国内地近年修正的《中华人民共和国民事诉讼法》和正在修订的《中华人民共和国仲裁法》（以下简称《仲裁法》）已逐渐吸纳了港澳采用的仲裁地标准，规定当事人可以选择仲裁地，使得中国区际仲裁裁决籍属

---

① 参见肖永平、于秋磊：《论国际商事仲裁庭签发禁诉令制度的构建》，载《武大国际法评论》2024 年第 4 期，第 94-107 页。

② 参见邓杰：《上海打造亚太海事仲裁中心的制度供给与法治保障》，载《上海师范大学学报（哲学社会科学版）》2023 年第 6 期，第 133-141 页。

③ 参见张春良：《精准塑造更高水平对外开放与涉外私法制度创新》，载《法学研究》2024 年第 5 期，第 204-224 页。

④ 参见冯硕：《论仲裁司法审查中公共政策的平衡——从最高人民法院指导性案例 199 号切入》，载《国际法研究》2024 年第 3 期，第 146-160 页。

认定标准走向了趋同化。[①] 当然，在当事人没有选择仲裁地的情况下，仲裁机构也可以按照原有做法，将仲裁机构所在地视为裁决作出地。以此为契机，结合国际私法理论，总结中国区际仲裁裁决籍属认定标准的理论共识和实践共识，不仅可以修改当前法律中的突兀之处，还有助于实现中国区际法律制度的衔接和统一。

一、中国区际仲裁裁决籍属认定标准趋同化的现实需求

中国区际仲裁裁决籍属认定标准的趋同化需求，源于差异化籍属认定标准所引发的现实问题。一方面，中国内地和港澳之间认定本法域裁决的标准不一致，将引发裁决撤销管辖权的冲突；另一方面，法院认定本法域裁决和外法域裁决的标准不一致，又会造成限制和排除竞争、片面保护本地仲裁市场的结果。为了解决上述问题，在“一国两制”的法治框架下进行法律协同创新，有必要实现中国区际仲裁裁决籍属认定标准的趋同化。

（一）解决裁决撤销管辖权冲突的法律需求

对于拥有本法域籍属的仲裁裁决，法院享有撤销权。[②] 这意味着，中国区际仲裁裁决籍属认定标准不一致，可能会引发撤销管辖权的重叠或真空。一方面，中国内地和港澳地区对于“本法域裁决”的定义不同，同一仲裁裁决可能同时被两个法域认定为“本法域裁决”，从而引发裁决撤销程序的重叠。例如，深圳国际仲裁院管理的以香港为仲裁地的仲裁裁决，按照此前中国内地的“仲裁机构所在地标准”可以被认定为深圳裁决，在香港地区则按照“仲裁地”标准被认定为香港裁决。如果深港两地同时启动撤销仲裁裁决程序，这不仅会造成司法资源浪费，还可能导致相互矛盾的撤销结果，损害当事人合法权益。[③] 另一方面，如果某裁决无法被任何一方认定为“本法域裁决”，又会产生撤销仲裁裁决程序真空，导致裁决难以被撤销，从而削弱仲裁程序的权威性。例如，香港国际仲裁中心管理的以深圳为仲裁地的仲裁裁决，按照此前中国内地的“仲裁机构所在地标准”可以被认定为香港裁决，但在香港地区则按照“仲裁

① 参见沈红雨、郭载宇：《〈民事诉讼法〉涉外编修改条款之述评与解读》，载《中国法律评论》2023年第6期，第70-80页。

② 参见杜焕芳、阮昊翔：《〈仲裁法〉修订视野下仲裁调解司法审查的检视与回应》，载《北方法学》2024年第3期，第128-143页。

③ 参见涂广建：《论国际民商事仲裁与诉讼的平行程序》，载《南大法学》2021年第4期，第15-33页。

地标准”被认定为深圳裁决。鉴于深港两地均无法启动撤销仲裁裁决程序，一旦仲裁裁决违反公共政策或者严重侵害当事双方的利益，就会造成当事人和公众均不满意的结果。①

事实上，中国内地和港澳地区基于不同标准对裁决籍属作出不同认定，导致裁决撤销管辖权的行使具有重叠性质或者真空性质，是司法权威冲突的直接体现，将在一定程度上破坏区际司法协作的稳定性和协调性。此外，由于仲裁裁决籍属认定标准的不统一，当事人可能无法明确应该向哪个法域申请撤销仲裁裁决。这种不确定性将增加程序复杂性，降低仲裁的效率和吸引力，尤其是在涉外案件中。为了缓解不同法院之间的裁决撤销管辖权冲突，保护当事人对于仲裁司法审查程序的合理预期，有必要通过更加明确和统一的法律框架，实现中国区际仲裁裁决籍属认定标准的趋同化。

（二）仲裁市场高水平对外开放的经济需求

中国区际仲裁裁决籍属认定标准的差异化安排，不利于实现仲裁市场的高水平对外开放。② 例如，根据 2007 年《最高人民法院关于内地与澳门特别行政区相互认可和执行仲裁裁决的安排》第 2 条的规定，中国内地仲裁机构管理的仲裁裁决，必须同时符合“仲裁地标准”和“仲裁程序准据法标准”，才能在澳门获得认可和执行。也就是说，深圳国际仲裁院管理的适用澳门法的仲裁裁决或者在香港作出的仲裁裁决，并不能视为中国内地裁决在澳门流通。根据 2020 年《最高人民法院关于内地与香港特别行政区相互执行仲裁裁决的补充安排》第 2 条的规定，香港法院根据仲裁地标准认定的本法域仲裁裁决，还要同时符合“仲裁程序准据法标准”才能在内地流通。这意味着，如果香港国际仲裁中心在香港管理的仲裁裁决适用的是内地法，便不能在内地获得认可和执行。这里，通过更为复杂的标准认定外法域仲裁裁决籍属，缩小可供跨境流通的仲裁裁决数量，不仅增加了当事人的维权成本，还可能使得部分仲裁机构丧失竞争优势。这种制度设计容易为特定法域仲裁市场提供片面保护，不利于仲裁行业的整体健康发展。

事实上，中国区际仲裁市场之间通过复杂的籍属认定标准层层设障，将

---

① 参见武振国：《仲裁案外人权益救济机制研究——从案外人申请不予执行正确裁决切入》，载《商事仲裁与调解》2023 年第 2 期，第 60-74 页。

② 参见刘晓红、冯硕：《制度型开放背景下境外仲裁机构内地仲裁的改革因应》，载《法学评论》2020 年第 3 期，第 125-138 页。

会削弱中国仲裁机构在国际仲裁市场中的美誉度和吸引力。[①] 特别是，在高水平对外开放的背景下，一国内部最为基础的仲裁裁决籍属认定标准缺乏共识，甚至与国际通行规则不一致，会影响外界对中国仲裁市场融入全球仲裁体系的信心。[②] 如果中国仲裁市场规则被视为复杂难懂，外国投资者可能选择境外知名仲裁机构（如新加坡国际仲裁中心或伦敦国际仲裁中心），这会削弱中国仲裁机构的国际竞争力。在此背景下，趋同化标准能够有效减少这种不公平现象，向国际社会释放积极信号，即在中国内部不同法域间的仲裁裁决能够获得简单高效的执行。在此情况下，国际社会对中国高水平对外开放的成果一定更有信心，这不仅有助于提升仲裁机构的服务质量，还能够吸引更多的当事人选择中国仲裁机构解决争议，进一步增强中国在国际仲裁中的优势地位。

（三）推动“一国两制”法律协调的融合需求

在仲裁裁决籍属认定标准层面，如果中国内地与港澳之间存在显著差异，可能引发法律冲突和执行困难，无助于“一国”框架下各法域的深度融合。与此同时，籍属认定标准差异明显，也不利于在法律领域加强中国内地与港澳的联系并形成更紧密的法治共同体，难以满足“一国”之内仲裁裁决等法律文书便利化流通的基本需要。最后，如果中国各法域互相为对方仲裁裁决的籍属认定设置障碍，也无助于加强仲裁机构和法院之间的互信合作。[③]

为了避免法律风险影响一国之内各法域深度融合的进程，可以将籍属认定标准趋同化作为缓解法律分歧的桥梁，减少因仲裁裁决执行问题而引发的跨法域矛盾，避免对国家治理稳定性的潜在风险。与此同时，通过统一的仲裁裁决籍属认定标准，能够有效促进中国港澳地区与内地在仲裁及其他法律领域的深度协作，推动港澳地区更好融入国家发展战略。

二、中国区际仲裁裁决籍属认定标准趋同化的实现契机

中国区际仲裁裁决籍属认定标准的差异化安排，在法律和经济等方面可能

---

① 参见何云：《我国涉外仲裁司法审查的几个争议问题——以〈仲裁法〉修订为视角》，载《法律适用》2023 年第 9 期，第 147-157 页。

② 参见宋连斌、武振国：《中国仲裁机构的功能定位——以优化营商环境的对外吸引力为视角》，载《上海对外经贸大学学报》2024 年第 1 期，第 68-78 页。

③ 参见涂广建、杨铁铮：《再论中国区际私法中的公共秩序保留制度》，载《国际法研究》2024 年第 5 期，第 94-111 页。

引发诸多冲突。为了解决上述矛盾，有必要实现中国区际仲裁裁决籍属认定标准的趋同化。可喜的是，目前学界已经对仲裁裁决籍属建构基础形成理论认同，并且将仲裁地标准视为解决仲裁裁决籍属问题的最佳实践。除此之外，中国各法域在立法、司法层面，也逐渐认同仲裁地标准。[①]

（一）仲裁裁决籍属建构基础的理论认同

中国区际仲裁裁决籍属认定标准的趋同化，源于仲裁裁决籍属建构基础的一致性。此前，地域主义理论基于司法权论，主张仲裁裁决是当地司法权的延伸，并将仲裁裁决籍属视为固定在当地法律体系中的地域性身份。而非内国化理论则根据契约论，主张仲裁裁决植根于国际法上的"契约必须信守"原则，无须具有当地法律的身份。法律关系本座理论成功调和了二者之间的矛盾，将当事人基于意思自治所选择的仲裁地点作为裁决籍属，由此建立一种灵活的地域身份制度。

地域主义理论根据司法权论，将仲裁裁决等同于当地法院判决，并主张仲裁裁决应被完全固定在当地法律秩序中。[②] 也就是说，仲裁权被视为当地司法权的延伸，仲裁裁决的籍属也确定属于当地。此种安排体现了法教义学对于静态秩序的极致追求。将仲裁裁决等同于当地法院判决，可以实现法院控制权的集中化和裁决撤销管辖权分配的确定性。但是，不考虑当地法律的保守程度和当地法院的实际态度，一刀切地将仲裁固定在当地法律秩序中，可能减损个案公正。[③] 如果仲裁地是当事一方的经常居所地，仲裁庭像当地法官一样适用法律，极有可能造成对另一方当事人的不公，也无法实现商事仲裁期望克服地方保护主义的制度初衷。如果仲裁地与合同履行地不一致，执行与合同没有实际联系的仲裁地法律，也可能出现当事双方意料之外的结果。从这个角度上看，根据地域主义理论确定裁决籍属，并据此将仲裁裁决固定在当地法律秩序中，可能无助于仲裁庭以一种国际中立的立场妥善处理案件。

非内国化理论根据契约论，认为仲裁庭和当事人之间建立的是一种特殊的

---

① 参见冯硕：《〈中华人民共和国仲裁法〉修订的涉外法治之维》，载《上海大学学报（社会科学版）》2024年第5期，第13-24页。

② 参见冯硕：《境外仲裁机构内地仲裁的政策动因与法治保障》，载《商事仲裁与调解》2021年第1期，第76-85页。

③ 参见武振国：《仲裁协议的效力基础及其要件重构——从最高人民法院指导性案例196号切入》，载《国际法研究》2024年第3期，第131-145页。

委托合同关系，仲裁裁决是仲裁庭向当事人给付的契约性对价。[①] 循此思路，仲裁裁决的效力来源于人类社会公认的“契约必须信守”原则，而非当地法律秩序。在此情况下，仲裁裁决漂浮在主权国家的管辖范围之外，不应被固定在某一特定的法律秩序中，因此，非内国化裁决又被称为无籍属裁决或者浮动裁决。非内国化理论将仲裁视为契约的延伸，仲裁裁决不再具有固定的籍属，而是可以根据需要被灵活地并入执行地的法律秩序。具体来说，根据契约领域“法无禁止即自由”的理念，仲裁裁决只要没有触及执行地法律秩序中的禁止性规定，便应当得到认可与执行。在这里，非内国化理论不认可裁决地法院对仲裁裁决效力的优先管辖权，除非裁决地法院是以人类社会公认的理由否定了裁决的效力。在此情况下，无论其他法域是否拒绝执行仲裁裁决，执行地法院都可以作出自己的选择。从这个意义上看，仲裁裁决的执行问题，将变得极具自由化和灵活性。尽管非内国化理论可以实现仲裁裁决执行的灵活性，但这种完全否定仲裁裁决籍属的做法，往往会在实践层面面临窘境。一方面，仲裁庭的组庭并非一帆风顺，有时可能因为一方当事人滥用意思自治而造成组庭僵局。特别是，在临时仲裁中，一方当事人可能会拒绝指定联席仲裁员，此时往往需要当地法院介入指定仲裁员来打破僵局。[②] 但是，如果仲裁裁决没有籍属，当地法院便没有协助组庭的义务，这会加大组庭失败的风险。在此情况下，仲裁协议能够阻断法院对案涉争议的管辖权，将造成仲裁和诉讼均不可用，最终导致当事人救济无门。另一方面，否定仲裁裁决的籍属，也和绝大多数法域在当前的实践不符。目前，绝大多数法域都没有放弃对当地仲裁裁决的撤销权，这也使得非内国化理论的推广面临巨大的现实阻力。

以司法权论为基础的地域主义理论过于强调仲裁裁决的确定性，而以契约论为基础的非内国化理论过于强调仲裁裁决的灵活性，二者都容易走向极端，偏离商事仲裁的本质。在这两种理论相互交锋、相互融合的过程中，仲裁裁决的地域属性不断弱化，从而诞生了一种具有兼容并蓄特点的法律关系本座理论。这里，所谓的法律关系本座，实质上是当事人通过意思自治选择依托特定法域

---

① 参见杜焕芳、李贤森：《仲裁员选任困境与解决路径——仲裁员与当事人法律关系的视角》，载《武大国际法评论》2020 年第 2 期，第 39-59 页。

② 参见李建忠：《临时仲裁的中国尝试：制度困境与现实路径——以中国自贸试验区为视角》，载《法治研究》2020 年第 2 期，第 31-43 页。

的工具和桥梁，其地域意义早已被弱化。[1] 当然，作为单个仲裁程序嵌入地方法律体系的关键纽带，法律关系本座通常影响着仲裁裁决的籍属，也意味着仲裁裁决主要受到当地法律体系的约束。可以说，一旦法律关系本座确定，仲裁裁决的籍属就随之确定。无论仲裁庭的组成人员来自何处，也无论仲裁庭实际上在何处开庭，都不会改变仲裁裁决的籍属。从产生方式上看，法律关系本座不是地域意义上的仲裁机构所在地、仲裁开庭地、仲裁合议地，而是一个淡化了地域色彩，可由当事人经由意思自治进行选定的法律概念。具体来说，法律意义上的法律关系本座，应当优先由当事人的意思自治进行明确，如果当事人没有作出直接约定的，则视为当事人经由意思自治授权仲裁庭代为确定。

从理论效果上看，法律关系本座理论有效调和了地域主义理论和非内国化理论间的矛盾，实现了理论创新。法律关系本座理论借助地域主义理论的外壳，灌入非内国化理论中契约论的内核，实现了二者的有机统一。[2] 一方面，当事人经由意思自治灵活选择法律关系本座，能够极大提升仲裁的自由和宽松程度，使得商事仲裁能够真正具有国际属性。另一方面，仲裁裁决又能借助确定的籍属身份，得到地方法院的充分支持。从实际效果上看，法律关系本座理论有助于实现实质正义。毕竟，仲裁当事人可以根据各地的法治状况选择合适的法律关系本座，有效确保仲裁庭适用的法律关系本座地法律不偏离当事人的合理预期，从而为个案构建法治化的营商环境。

（二）仲裁地标准的比较优势

在地域主义理论、非内国化理论和法律关系本座理论中，最具解释力的是法律关系本座理论，这也是当下仲裁裁决籍属建构的主流观点。法律关系本座理论以当事人意思自治为内核，将当事人合意选择的地点作为仲裁裁决籍属地，兼顾了仲裁裁决籍属制度的确定性和灵活性。目前，对于仲裁裁决籍属的认定，主要存在仲裁地标准、仲裁机构所在地标准、仲裁程序准据法标准和非内国裁决标准四种观点。其中，最具比较优势的观点是仲裁地标准。

仲裁地标准是将当事人直接或间接选择的仲裁地作为仲裁裁决籍属的确定

---

① 参见徐鹏：《涉外法律适用的冲突正义——以法律关系本座说为中心》，载《法学研究》2017年第3期，第189-207页。

② 参见祁壮：《论国际商事仲裁裁决的国籍属性》，载《江西社会科学》2018年第9期，第194-202页。

标准，这是当前国际立法和国内立法所采用的主流标准。[①] 在国际立法层面，《联合国国际贸易法委员会国际商事仲裁示范法》（2006 年修订）第 1 条将仲裁地在本国领土内的仲裁裁决视为本国仲裁裁决，通过直接的方式确立了仲裁地标准。在国内立法层面，两大法系的主要国家也都接受了仲裁地标准。在英美法系中，英国《1996 年仲裁法》第 2 条将仲裁地位于英国的仲裁裁决视为英国仲裁裁决；而在大陆法系，1998 年德国仲裁法（相关条文载于《德国民事诉讼法》第 10 编“仲裁程序”编）第 1025 条，也将仲裁地位于德国境内视为德国仲裁裁决的判断标准。在这里，大多数法域之所以愿意将仲裁地视为仲裁裁决籍属的判定标准，既源于理论的精妙，也是一种务实的考量。毕竟，根据萨维尼的“法律关系本座说”，仲裁的“本座”就是仲裁地，仲裁受制于“本座”地的法律框架，不能漂浮在横跨法域的天空中。[②] 一般而言，仲裁地常常由当事人约定，当事人没有约定或约定不明的，仲裁庭可以按照当事人的委托代为确定仲裁地。此外，仲裁地标准有利于尊重当事人的意思自治，符合仲裁的契约性本质。仲裁地的仲裁条款一般表述为“适用某某规则在某地仲裁”，这里的“某地仲裁”就是仲裁地。[③] 与之相比，当事人很少在合同中约定仲裁机构所在地、开庭地或合议地，这些地点通常不被认为是法律关系本座地。

仲裁机构所在地标准是将仲裁机构的地理位置作为仲裁裁决籍属的确定标准。此种特殊的制度此前仅为中国内地等少数地区所坚持。在 1994 年《仲裁法》生效前，仲裁机构有公权力机关的属性。在此情况下，仲裁员系仲裁机构的公职人员，其权力来源于仲裁机构的授权。这意味着，仲裁裁决的作出主体系仲裁机构，仲裁裁决的籍属自然需要根据仲裁机构所在地进行确定。值得注意的是，仲裁机构所在地标准早已脱离实践，既不周延，亦不合理。特别是，仲裁机构所在地标准与国际一般标准不符，容易导致法律冲突。如上所述，国际通行的仲裁地标准并不一定是客观意义上的连接点，而是尊重当事人意思自治的产物。在当事人没有约定或约定不明时，仲裁庭才会综合案情将仲裁机构所在地视为仲裁地。如果偏离主流标准，内地仲裁机构在境外

---

① 参见汤霞：《临时仲裁制度在我国自贸区适用的困境与纾解》，载《国际经济法学刊》2020 年第 4 期，第 49--58 页。

② 参见陈曦：《冲突法与实体法衔接视角下涉外人格权冲突规则的立法完善》，载《安徽大学学报（哲学社会科学版）》2024 年第 4 期，第 121-129 页。

③ 参见邓杰：《美国海事仲裁制度多维检视及中国选择——从建设国际海事仲裁中心的视角出发》，载《国际法研究》2023 年第 6 期，第 138-158 页。

作出的裁决既可以被内地法院撤销，也可以被境外法院撤销，这种双重撤销风险会削弱内地仲裁行业的国际竞争力。[①] 此外，根据 2017 年《最高人民法院关于为自由贸易试验区建设提供司法保障的意见》第 9 条规定，在自贸区注册的企业，相互之间可以约定在内地特定地点、按照特定仲裁规则、由特定人员对特定争议进行仲裁，这给临时仲裁的落地打开了大门。同年，《横琴自由贸易试验区临时仲裁规则》颁布，成为内地首部临时仲裁规则。随后，广州仲裁委员会认可了中国互联网仲裁联盟公布的《临时仲裁与机构仲裁对接规则》，并据此受理了内地临时仲裁第一案。[②] 2024 年，上海市司法局发布了《上海市推进国际商事仲裁中心建设条例》和《上海市涉外商事海事临时仲裁推进办法（试行）》，并在上海大力推进临时仲裁。由此可见，随着临时仲裁的逐步推广，仲裁机构所在地不再是内地仲裁的必备要件，也不适合作为仲裁裁决籍属的判定标准。[③]

仲裁程序准据法标准是将仲裁程序所适用的法律作为判断仲裁裁决籍属的标准，该做法是法国等少数国家已经淘汰掉的仲裁裁决籍属认定标准。原因在于，随着仲裁实践的不断发展，仲裁程序准据法标准暴露出越来越多的缺陷。第一，与诉讼不同，仲裁地法和仲裁程序准据法可以分离。诉讼程序触及法院地的主权利益，与当地的公共秩序密不可分，根据“场所支配行为”理论，理应适用法院地法。但是，契约性是仲裁的本质特征[④]，仲裁程序准据法可以由当事人自由选择。这意味着，仲裁程序准据法既可以是仲裁地的程序法，也可以是仲裁地之外的程序法。[⑤] 第二，当事人约定仲裁程序准据法会给仲裁的推进带来困难，常常不被鼓励。在实践中，当事人常常会选择仲裁地，但很少就仲裁程序准据法作出明确约定。即使当事人约定仲裁程序适用仲裁地之外的法律，该约定也会受到各种限制。例如，1996 年《英国仲裁法》规定，仲裁程序

---

① 参见杨玲：《仲裁机构法律功能批判——以国际商事仲裁为分析视角》，载《法律科学（西北政法大学学报）》2016 年第 2 期，第 175-181 页。

② 《临时仲裁第一案：开创法律服务新蓝海》，载微信公众号“广州仲裁委员会”，2017 年 11 月 17 日，最后访问于 2024 年 11 月 2 日。

③ 参见傅攀峰：《司法如何协助临时仲裁？——法国“助仲法官”制度及其启示》，引自《北京仲裁》（2019 年第 3 辑），中国法制出版社 2019 年版，第 108-127 页。

④ 参见宋连斌、武振国：《虚假仲裁中案外人权利保障机制研究（上）》，载《商事仲裁与调解》2020 年第 1 期，第 103-125 页。

⑤ 参见宋连斌、胥燕然：《我国商事调解协议的执行力问题研究——以〈新加坡公约〉生效为背景》，载《西北大学学报（哲学社会科学版）》2021 年第 1 期，第 21-32 页。

准据法不能抵触仲裁地的强制性规定，仲裁地必须保留对仲裁裁决的司法审查权，以此确保仲裁员的独立性和公正性。也就是说，仲裁程序准据法必须在关键问题上与仲裁地法保持契合，否则无效。第三，仲裁程序准据法标准容易导致籍属冲突。若仲裁地采用仲裁地标准，仲裁程序准据法指向的法域采用仲裁程序准据法标准，该裁决就具有双重籍属，两地法院都享有撤销权，这会给仲裁裁决的效力带来不必要的危险。如果仲裁地采用仲裁程序准据法标准，仲裁程序准据法指向的法域采用仲裁地标准，仲裁裁决就失去了籍属，当事人在任何法院都无法撤销裁决，这会打破司法权对仲裁权的制衡，诱发仲裁庭的肆意和专断。由此可见，仲裁程序准据法标准实际上是将裁决籍属与某些偶然的法域相联系，不符合仲裁发展的客观规律，必然会被各地抛弃。实际上，也正是考虑到这些因素，法国已经废除了仲裁程序准据法标准，转而采用仲裁地标准。2011 年《法国仲裁法》第 1518 条、第 1519 条规定，在法国作出的仲裁裁决，可向仲裁地的上诉法院申请撤销。①

作为仲裁地标准的补充，1958 年《承认及执行外国仲裁裁决公约》（以下简称《纽约公约》）第 1 条第 2 款设置了非内国裁决标准。② 需要注意的是，该标准并不属于严格意义上的理论划分，而是实践先行的产物。由于法国等大陆法系国家当时采用仲裁程序准据法标准，为扩大《纽约公约》的适用范围，缔约主体需要在外国裁决的外延无法覆盖的部分认可与执行非内国裁决。但是，对于何为非内国裁决，《纽约公约》并未作出界定，这为随之而来的理论争议预留了空间。按照从狭义到广义的顺序，非内国裁决的定义分为以下三种：第一，裁决在仲裁地作出，但仲裁程序准据法为他国法，且仲裁地法律不认为该裁决是内国裁决。这种做法立足于《纽约公约》的起草背景，是一种经典的狭义解释。按照这一标准，仲裁地法院只是暂时放弃了对内国裁决的撤销权，但不意味着非内国裁决一定失去了籍属。例如，德国和法国曾采纳仲裁程序准据法标准，根据德国仲裁法在法国作出的裁决，在法国属于非内国裁决，而在德国却属于内国裁决。第二，仲裁地和仲裁程序准据法指向的法域相同，但具有涉外因素。这种标准的目的虽然是促进裁决的认可与执行，但如

① 参见傅攀峰：《法国国际商事仲裁制度研究——以 2011 年〈法国仲裁法〉为中心》，中国社会科学出版社 2019 年版，第 167 页。

② 参见李娜：《〈纽约公约〉项下裁决适用公共政策的特殊情形及其基础逻辑》，载《人民司法》2022 年第 22 期，第 63-66 页。

果严格按照仲裁地标准，此类裁决应被认定为内国裁决，而非“非内国裁决”。第三，与任何法域都没有联系的“非国内化裁决”。这种标准的特点是，仲裁裁决的效力来源于当事人的意思自治，而非某法域既定的法律框架。其目的是摆脱仲裁地的司法监督，取消撤裁制度，使裁决在申请执行前获得更多的自由。该标准对各国主权限制过多，可能导致仲裁庭的专断，在实践中很难被各地真正采纳。[①]

（三）中国各法域对于仲裁地标准的立法认同

从立法上看，最符合法律关系本座说的仲裁裁决籍属认定标准，便是仲裁地标准。[②] 对此，中国港澳地区在认定本法域裁决时，也长期坚持这一观点。例如，2018 年香港《仲裁条例》第 5 条将仲裁地作为认定香港裁决的标准，2019 年《澳门特别行政区仲裁法》第 3 条也将仲裁地作为认定澳门裁决的标准。与之相比，中国内地立法此前虽然坚持仲裁机构所在地标准，但此种情况随着 2023 年修正的《中华人民共和国民事诉讼法》（以下简称《民事诉讼法》）于 2024 年 1 月 1 日起实施便发生了改变。

在 2024 年之前，《仲裁法》和《民事诉讼法》中均无明确界定裁决籍属的条文，但通过体系解释可以发现这些立法认同的是“仲裁机构所在地标准”。[③] 不论是 1991 年《民事诉讼法》第 217 条、第 260 条、第 269 条，还是 2007 年《民事诉讼法》第 213 条、第 258 条、第 267 条，抑或 2012 年、2017 年和 2021 年《民事诉讼法》的相关条文，仲裁裁决的执行均被划分为“国内仲裁机构裁决”“涉外仲裁机构裁决”“国外仲裁机构裁决”三类。也就是说，在《民事诉讼法》的语境下，国外仲裁机构只能受理外国仲裁案件，作出的是外国仲裁裁决；中国涉外仲裁机构只能受理含有涉外因素的案件，作出的是中国涉外仲裁裁决；中国国内仲裁机构只能受理无涉外因素案件，作出的是中国国内仲裁裁决。与之相比，《仲裁法》虽然试图摆脱这种划分方式，但由于仲裁裁决的执行程序规定在《民事诉讼法》中，内地法律实际上还是接受了“仲裁机构所在地标准”。

---

① 参见孙颖：《已被撤销的仲裁裁决的执行——理论争鸣与比较法路径》，载《商事仲裁与调解》2023 年第 1 期，第 51-66 页。

② 参见孟伟：《上海涉外商事海事临时仲裁制度创新及其影响》，载《世界海运》2024 年第 9 期，第 35-41 页。

③ 参见张正怡、董奕玮：《境外仲裁裁决在中国内地法院的承认与执行的实证研究》，载《商事仲裁与调解》2021 年第 4 期，第 54-70 页。

2024年之后，《民事诉讼法》不再以“仲裁机构”为核心，也没有将仲裁裁决的籍属区分为“国内仲裁机构裁决”“涉外仲裁机构裁决”“国外仲裁机构裁决”三类。相反，2023年《民事诉讼法》第297条和第304条采用了“在中华人民共和国领域内作出的仲裁裁决”和“在中华人民共和国领域外作出的仲裁裁决”的表述，并根据仲裁地的不同对仲裁裁决的籍属进行分类。这里，2023年《民事诉讼法》将仲裁地作为仲裁裁决籍属的认定标准，有利于中国采用国际通行做法，遵守《纽约公约》项下的义务。① 除此之外，对于境外仲裁机构在中国境内作出的仲裁裁决的籍属，2023年《民事诉讼法》虽未进行明确规定，但此前最高人民法院已经在《全国法院涉外商事海事审判工作座谈会会议纪要（2022年）》中作出了安排，其中第100条规定：“境外仲裁机构以我国内地为仲裁地作出的仲裁裁决，应当视为我国内地的涉外仲裁裁决……”显然，最高人民法院是根据仲裁地标准认定裁决籍属，并据此决定中国法院对于此类境外仲裁机构在中国内地作出的仲裁裁决享有撤销权。在中国日益成为国际优选仲裁地的情况下，该纪要可以鼓励当事人在境外仲裁机构管理的仲裁程序中，将中国选定为仲裁地，强化中国法院通过司法支持和司法监督向国际社会提供公共法律服务的能力。《中华人民共和国仲裁法（修订草案）（二次审议稿）》第81条第1款规定：“当事人可以书面约定仲裁地……仲裁裁决视为在仲裁地作出。”②

（四）中国各法域对于仲裁地标准的司法认同

从司法上看，最符合法律关系本座说的仲裁裁决籍属认定标准，也是仲裁地标准。对此，港澳的司法实践和立法中采用的仲裁地标准保持一致，无须赘述。而在中国内地的《民事诉讼法》和《仲裁法》修改之前，中国内地司法实践已经悄然转向了仲裁地标准，这为中国区际仲裁裁决籍属认定标准的趋同化打下了坚实的实践基础。③

在2015年之前，中国内地法院就有了接纳仲裁地标准的实践，只是此时对待仲裁裁决籍属问题的态度几经反复。2001年，在“麦某有限公司申请认可和

① 参见覃华平：《国际商事仲裁中仲裁地的确定及其法律意义——从BNA v. BNB and another案谈起》，载《商事仲裁与调解》2020年第2期，第69-81页。

② 《中华人民共和国仲裁法（修订草案）（二次审议稿）》，载中国人大网，http://www.npc.gov.cn/flcaw/userIndex.html?lid=ff808181927f0e7b01967f6beaf25eef，最后访问于2025年5月28日。

③ 参见李庆明：《境外仲裁机构在中国内地仲裁的法律问题研究》，载《环球法律评论》2016年第3期，第181-192页。

执行仲裁裁决案”[①] 中，依据仲裁地标准，最高人民法院将临时仲裁庭在瑞士苏黎世作出的仲裁裁决认定为瑞士裁决，驳回了上海二中院依据仲裁机构所在地标准将其认定为“非内国裁决”的意见。2004 年，在“山西某实业有限公司案”[②] 中，按照仲裁机构所在地标准，最高人民法院将 ICC 在香港依照英国法作出的裁决认定为法国裁决，而非香港裁决。2009 年，在《最高人民法院关于香港仲裁裁决在内地执行的有关问题的通知》中，依据仲裁地标准，最高人民法院将国外仲裁机构或临时仲裁庭在香港作出的裁决统一视为香港裁决。2010 年，在“法国 D 有限公司案”[③] 中，依据仲裁地标准，最高人民法院认为国际商会在新加坡作出的裁决是新加坡裁决，而非法国裁决。

2015 年之后，为统一裁判尺度，最高人民法院出台了《关于人民法院为“一带一路”建设提供司法服务和保障的若干意见》《关于为自由贸易试验区建设提供司法保障的意见》等文件。在此背景下，仲裁地标准成为内地法院确定裁决籍属的主流标准。[④] 有学者统计，2015 年至 2017 年，内地法院公布的认可与执行外国仲裁裁决案件共有 81 件，其中有 15 件由于无法识别、驳回申请或撤诉等原因而信息不详。在余下的 66 件案件中，采用仲裁地标准的共有 50 件，而采用仲裁机构所在地标准的只有 16 件。[⑤] 在 2023 年的“阿联酋 T 公司案”中，宁夏石嘴山市中级人民法院将国际商会仲裁员在中国北京作出的仲裁裁决，认定为中国涉外仲裁裁决。[⑥]

三、中国区际仲裁裁决籍属认定标准趋同化的未来愿景

在中国各法域认定本地仲裁裁决已经转向仲裁地标准的情况下，中国区际

① 《最高人民法院关于麦考 · 奈浦敦有限公司申请认可和执行仲裁裁决一案请示的复函》（法民二〔2001〕32 号）。

② 《最高人民法院关于不予执行国际商会仲裁院 10334/AMW/BWD/TE 最终裁决一案的请示的复函》（〔2004〕民四他字第 6 号）。

③ 《最高人民法院关于申请人 DMT 有限公司（法国）与被申请人潮州市华业包装材料有限公司、被申请人潮安县华业包装材料有限公司申请认可和执行外国仲裁裁决一案请示的复函》（〔2010〕民四他字第 51 号）。

④ 参见季境、温志军：《国际商事仲裁裁判国籍籍属的认定》，载《人民司法（案例）》2019 年第 14 期，第 69-71 页。

⑤ 参见刘敬东、王路路：《“一带一路”倡议下我国对外国仲裁裁决承认与执行的实证研究》，载《法律适用》2018 年第 5 期，第 31-39 页。

⑥ 宁夏回族自治区石嘴山市中级人民法院民事裁定书（2023）宁 02 协外认 1 号。本书中的案例，如无特别说明，均来自中国裁判文书网，最后访问于 2025 年 6 月 3 日。

仲裁裁决籍属认定标准已经走向了趋同化。未来，中国各法域的籍属认定标准可以进一步深度融合，从趋同化走向统一化。具体来说，中国各法域可以统一采用法律关系本座说建构仲裁裁决籍属，实现理论上的守正创新；统一适用仲裁地标准，实现立法和司法上的无缝衔接；统一仲裁裁决流通尺度，实现经济上的高水平对外开放。

（一）理论统一：接受法律关系本座说

在现代仲裁实践中，仲裁裁决籍属的认定是区际仲裁裁决身份识别和司法审查的前提性问题，直接关系到认可与执行规则的适用。[①] 在区域协同的背景下，中国各法域的仲裁裁决籍属认定标准逐渐趋同，未来有望根据法律关系本座说统一建构仲裁裁决的籍属身份。

法律关系本座说在仲裁裁决籍属认定中的核心意义在于，通过实质性联系的考量，避免机械依赖形式指标可能带来的法律冲突和不公正结果。其具体适用意义主要体现在以下几个方面：第一，超越地域主义理论的限制，拓展仲裁裁决籍属认定的公平性。传统上，案件审理的地理位置被广泛认为是确定仲裁裁决籍属的首要标准。[②] 然而，在复杂的国际商事纠纷中，仅以案件审理的地理位置作为籍属认定依据可能导致仲裁裁决的法律身份与其本质属性脱节。例如，当案件审理的地理位置与当事人双方的预期完全不一致时，裁决的法律效力可能受到质疑。而法律关系本座说则通过分析争议与案件的实质联系避免了这一问题，保障仲裁裁决法律身份的认定过程更加公正合理。第二，解决跨区域法律冲突，促进裁决的可执行性。在区际仲裁裁决执行中，不同法域对籍属的认定差异往往会导致裁决执行难题。采用法律关系本座说，可以减少因法律冲突而导致的裁决执行障碍。例如，在“一国两制”的法治框架下，香港、澳门、内地对仲裁裁决籍属的理解存在一定差异，而法律关系本座说能够在分析争议本质联系的基础上提供统一的认定逻辑，降低仲裁裁决在不同法域间执行的阻碍。[③] 第三，提升仲裁裁决的国际公信力。在国际商事仲裁中，法律关系本座说的适用有助于提升裁决的公信力和接受度。相比于

---

① 参见蒋慧：《RCEP 背景下中国—东盟商事仲裁承认与执行机制省察与调适革新》，载《政法论丛》2022 年第 6 期，第 97-109 页。

② 参见杜涛、朱德沛：《〈仲裁法〉修订背景下境外仲裁机构准入问题研究》，载《商事仲裁与调解》2021 年第 6 期，第 3-21 页。

③ 参见柯静嘉：《“一带一路”国际商事争端多元化纠纷解决机制的构建——以粤港澳大湾区为试点》，载《港澳研究》2023 年第 1 期，第 51-65 页。

传统的仲裁地标准，法律关系本座说更关注实质公平，这种认定方式更符合国际仲裁界的普遍期待，有助于提高裁决的国际认可度，增强当事人对中国仲裁裁决的信任。

（二）制度统一：采用仲裁地标准

仲裁各法域在认定本地裁决时都趋向于采用仲裁地标准，未来在认定外法域裁决时统一采用仲裁地标准，便可以建立起更加简单明确的制度框架。在此基础上，中国各法域可以有效解决裁决撤销管辖权的冲突问题，提升仲裁裁决的司法审查可预测性。

仲裁地标准以当事人选择的仲裁地作为裁决籍属的核心判定依据，与“法律关系本座说”高度契合。相较于其他标准，仲裁地标准在理论与实践上具有显著的制度优势。第一，明确性与可操作性。仲裁地标准提供了一个清晰且易于操作的认定依据。而这种明确性能够减少法律适用的歧义，为当事人提供更高的法律确定性。在实际操作中，仲裁地通常由仲裁协议明确约定，法院可以据此直接判断裁决的籍属。第二，符合国际仲裁惯例。仲裁地标准已经成为国际商事仲裁中普遍接受的籍属认定标准，包括《纽约公约》在内的国际文件均予以采纳。可以说，统一采用仲裁地标准能够与国际规则接轨，提升中国区际仲裁裁决的国际认可度和执行力。[①] 第三，避免裁决撤销管辖权冲突。通过统一采用仲裁地标准，可从根本上避免裁决撤销管辖权的重叠或真空问题，从而消除司法资源浪费与结果冲突的风险。第四，保障当事人的预期与司法效率。仲裁地标准具有高度的可预测性，确保当事人在仲裁协议签订时便可清楚预见仲裁裁决可能受到的司法审查。统一采用仲裁地标准有助于提升仲裁程序的透明度与效率，增强当事人对于仲裁程序的信任。

为了推动仲裁地标准的全面采纳与落实，中国区际仲裁裁决籍属认定标准的统一化可以从以下几个方面加以优化：第一，立法明确籍属认定规则。通过修订法律和司法解释，以仲裁地为核心构建仲裁裁决籍属认定标准。同时，在港澳地区的立法框架下完善相应规则，为仲裁地标准的统一实施提供法律依据。第二，加强区际司法协作机制。建立覆盖内地与港澳的区际仲裁裁决司法协作平台，统一籍属认定的操作指引，确保各法域法院在审理裁决撤销案件时遵循

① 参见沈健、张迎：《境外仲裁机构在中国内地的裁决国籍认定》，载《商事仲裁与调解》2021年第5期，第40-53页。

一致的标准。[1] 第三，健全仲裁机构指引制度。仲裁机构在管理仲裁案件时，可根据仲裁协议中约定的仲裁地明确告知当事人裁决的籍属，并在裁决书中清晰标注仲裁地信息，为法院行使撤销管辖权提供明确指引。第四，强化国际仲裁规则对接。鼓励中国仲裁机构采用与国际接轨的仲裁规则，逐步引导当事人接受仲裁地标准作为籍属认定的基础，为国际商事仲裁裁决的跨境认可与执行创造更好的法律环境。

（三）市场统一：对齐仲裁裁决流通尺度

中国仲裁市场在高水平对外开放的背景下，正面临一个重要课题：如何通过统一区际仲裁裁决流通尺度，消除内部仲裁市场的制度障碍，实现各法域仲裁市场的融合与有序开放。[2] 现有籍属认定标准的差异化安排，在一定程度上形成了仲裁市场内部的“贸易壁垒”，阻碍了裁决的跨区域流通，制约了仲裁市场整体的开放深度和国际竞争力。为了解决这一问题，有必要以仲裁地标准为基础，统一中国各法域域内域外裁决的籍属认定标准，以融合开放式改革实现中国各方于仲裁市场的高水平开放。

在经济一体化背景下，仲裁裁决的自由流通是资源优化配置的重要保障。统一区际裁决流通尺度能够打破制度壁垒，增强市场主体对仲裁制度的信任，使更多仲裁案件选择在中国完成，促进资源的高效配置。[3] 除此之外，统一标准能够使仲裁裁决在中国法域内实现无障碍流通，并与国际规则接轨，有助于塑造中国仲裁市场开放、透明、高效的国际形象。最后，还能增强中国仲裁机构的国际吸引力。当裁决在中国内部的流通变得高效且透明时，外国当事人会对中国仲裁机构的服务产生更多信任，推动中国仲裁机构成为国际商事争议解决的重要选项。这不仅能增加中国仲裁机构的国际案件数量，还能扩大其服务出口的经济效益。

为了实现中国仲裁市场的统一化和高水平开放，可以在国家层面协调区际立法差异，推动内地与港澳就裁决流通标准形成一致性安排，为裁决的统一流通提供法律支持构建统一协调平台。除此之外，还可以通过信息共享、标准化

---

① 参见王玉丹：《香港不予承认与执行仲裁裁决案例实证研究》，载《商事仲裁与调解》2022年第5期，第83-103页。

② 参见靳也：《“两区”建设背景下北京市法律服务市场的对外开放》，载《北京社会科学》2022年第6期，第25-35页。

③ 参见刘禹、王茜：《构建北京自贸试验区国际商事仲裁机制疏纾》，载《北方经贸》2022年第2期，第55-58页。

操作指引的方式，定期以案例和司法解释的形式对裁决流通中出现的疑难问题进行权威解答，消除不同法域在规则适用过程中产生的分歧。

结　论

中国区际仲裁裁决籍属认定标准的趋同化，是区域法律实践与理论演进的必然结果。在过去的制度安排中，中国内地采取仲裁机构所在地标准，而港澳采用仲裁地标准，两者之间在裁决互认机制中又引入了仲裁程序准据法标准和叠加标准。上述多重标准并存，虽然满足了阶段性法律实践需求，但也造成了裁决籍属认定上的不一致，进一步引发了裁决撤销管辖权竞合与法律程序不确定性等问题。如今，随着中国内地通过修改《民事诉讼法》与《仲裁法》逐步吸纳仲裁地标准，中国区际仲裁裁决籍属认定正从“差异化”转向“趋同化”。这一转变不仅是中国内地与港澳法律实践融合的体现，也是对国际商事仲裁通行规则的主动对接，展现了中国仲裁市场融入全球体系的开放态度和务实精神。在此基础上，未来内地与港澳之间的籍属认定标准可以进一步以仲裁地标准为核心进行统一，并以该标准背后的国际私法理论为理论纽带，推动法律体系的深度融合。这种统一，不仅有助于解决因多重标准而引发的法律冲突与市场分割问题，还能增强中国仲裁市场的国际竞争力，提升其作为全球商事争议解决中心的吸引力。

（责任编委：陈宓[1]）

① 中国国际经济贸易仲裁委员会监督协调处副处长。

国际投资仲裁视阈下企业社会责任条款效力的硬法化：理论构建与实践验视

崔鑫凯*

摘　要：近年来，部分缔约国在新签订国际投资协定（International Investment Agreements，IIAs）时，开始在协定中写入企业社会责任（Corporate Social Responsibility，CSR）条款。该条款背后蕴含了国家主体试图纠正当前国际投资场域中东道国与投资者之间权利义务失衡现状的宏图伟志。然而，当前CSR条款却有着极强的软法属性，这极大地阻碍了东道国或是仲裁庭在国际投资仲裁语境下追究投资者违反CSR义务的责任。事实上，CSR条款的软法属性是因用语造成真正软法性与因援引软法而造成不真正软法性这两个因素所共同导致的。真正软法性尚且可以由缔约国在签订IIAs时通过条款用语的修改而予以避免，而不真正软法性的避免则具有一定的理论及实践难度。但从当前投资仲裁的实践来看，真正软法性的破除并非没有可能：依托国际法主体义务理论、IIAs的硬法属性以及国际软法被赋予强制力可能性这三条路径，并结合投资仲裁案例对前述路径进行验视，会发现CSR条款即便援引软法也并不能影响其强制效力。无论如何，CSR条款的硬法化一定是可行的，并将成为国际投资仲裁领域未来发展的重要趋势之一。

关键词：国际投资仲裁　企业社会责任　企业社会责任条款　硬法

一、引言

CSR并非一个新兴概念。早在20世纪50年代，CSR就作为一种要求跨国

---

* 崔鑫凯，中国政法大学国际法学院2023级硕士研究生。

公司对其行为负责的概念流行起来①。而聚焦于国际投资法领域，近年来部分IIAs中开始出现强调投资者责任的CSR条款，打破了传统IIAs仅关注投资者利益的现状。CSR条款的缘起，一方面是国家主体对于国际投资场域“东道国—投资者”间权利义务失衡的现状有所觉醒，为有意打破IIAs不平衡、不一致、投资者不负责②的固有特点而有意促成；另一方面也是在东道国对外国投资者的监管过渡至嵌入式自由主义范式下的客观产物。同时，在这一监管范式转变的特殊时期，国际投资场域权利失衡的现状又对东道国的规制权进行了压缩，因此刺激了CSR条款的发展进程。

尽管在联合国贸易发展会议（UN Trade and Development，UNCTAD）于2024年10月28日发布的《G20巴西2024贸易与投资工作组报告》中，CSR条款仍被定义为“投资者遵守国际公认的企业社会责任标准或各国鼓励投资者遵守这些标准的规定”③ 这类略微缺乏强制性的表述，但不可否认的是，随着投资仲裁实践中仲裁庭审理涉及个人利益与公共利益相冲突的案件压力正在逐渐增加④，而CSR条款又作为被明文写进IIAs的“投资者义务”型条款，同时基于前述CSR条款缘起的内生性原因，未来该条款一定会在投资仲裁领域中追究投资者责任的语境下扮演着至关重要的角色。换言之，该条款对投资者的强制性程度将会逐渐增强，并朝着成为一项对投资者而言不可违逆的国际法义务而发展⑤。

二、CSR条款被赋予的硬法化期待与其当前表述形式间的冲突

（一）冲突成因

如前所述，尽管CSR条款随着国际投资场域的发展被赋予了对投资者而言

---

① ［澳］苏哈布拉德·博比·班纳吉：《企业社会责任：好的、坏的和丑陋的》，肖红军、许英杰译，经济管理出版社2014年版，第1页。

② 参见黄世席：《论国际投资条约中企业社会责任条款的强化》，载《法学》2023年第3期，第178页。

③ UNCTAD, G20 Brazil 2024 Trade and Investment Working Group Report Mapping sustainable development and investment facilitation provisions in IIAs concluded by G20 Members and invited countries, produced by UNCTAD with inputs from the Organization for Economic Co-operation and Development（OECD）, p7，载UNCTAD网站，https：//investmentpolicy. unctad. org/publications/1300/unctad-report-mapping-sustainable-development-and-investment-facilitation-provisions-in-g20-iias-with-inputs-from-oecd，最后访问于2025年6月26日。

④ 参见张倩：《论ISDS机制下的环境反请求——以“伯灵顿资源公司诉厄瓜多尔案”为例》，载《商事仲裁与调解》2023年第5期，第150页。

⑤ 本文顺从的逻辑：法律层面的义务性等同于强制性等同于硬法性也等同于可问责性。

具有强制性的期许，但当前 CSR 条款的表述形式却严重阻碍了其强制性的构建。这种冲突主要是由如下三方面原因造成的：

1. 部分 CSR 条款直接约束主体并非投资者

从前述《G20 巴西 2024 贸易与投资工作组报告》对 CSR 条款的定义来看，缔约国能够成为 CSR 条款所直接约束的主体，而其义务内容为“鼓励投资者遵守 CSR”。这种条款的表述形式在实践中并不鲜见，当前国际社会诸多颇具影响力的区域经济贸易协定均采取这类模式：如《全面与进步跨太平洋伙伴关系协定》在第 20 章“环境”中规定，“各方鼓励在其领土内经营或受其管辖企业自愿将其认可或支持的国际公认的企业社会责任标准、指南和原则纳入其内部政策”①。《美墨加三国协议》第 14. 17 条规定：“每一缔约方必须鼓励在其领土内或受其管辖的企业自愿将国际公认的标准、准则纳入其内部政策……”② 同样的，加拿大与欧盟之间的《综合性经济贸易协定》第 22. 3. 2 条规定：“每一缔约方应当努力促进有助于加强体面劳动和环境保护的贸易和经济流动和做法，包括鼓励企业制定和自愿使用 CSR 最佳做法……”③ 除区域性投资协定外，部分双边投资协定（Bilateral Investment Treaty，BITs）当中的 CSR 条款也采取了前述模式。例如，《加拿大—贝宁 BIT》第 16 条规定，“缔约方应鼓励在其领土内或管辖范围内经营的企业在实践和内部政策的制定中，自愿纳入国际公认的 CSR 标准”④。

这种条款表述形式，直接从根本上否认了 CSR 条款对投资者问责的可能性，因为 CSR 条款并没有直接为投资者创设任何义务。

2. 部分 CSR 条款用语普遍偏柔性

即便也有部分 CSR 条款试图直接为投资者施加 CSR 义务，但是此类条款的用语又过于温和，无法强烈体现出其义务属性，仅能体现出 IIAs 对投资者由“经济人”向“社会人”转变的一种期待⑤。

例如，《摩洛哥—尼日利亚 BIT》的 CSR 条款第 1 款规定：“投资者应努力（should strive）为东道国的可持续发展作出尽可能最大的贡献……”⑥ 一方面，

---

① Comprehensive and Progressive Agreement for Trans-Pacific Partnership, Article 20. 20.

② United States-Mexico-Canada Agreement, Article 14. 17.

③ Comprehensive Economic and Trade Agreement, Article 22. 3. 2.

④ 2013 Canada-Benin Bilateral Investment Treaty, Article 16.

⑤ 参见张光：《双边投资条约的公益化革新》，载《当代法学》2013 年第 5 期，第 79 页。

⑥ 2016 Morocco-Nigeria Bilateral Investment Treaty, Article 24.

"should"一词的强制性属性不高，在世界贸易组织（WTO）所审理的美国—外国销售公司待遇案中，专家组经过深入剖析，明确指出"shall"与"should"在法律语境中承载着截然不同的意义。专家组认为，"shall"一词通常用于表达具有法律约束力的义务性行为，其违反将可能导致法律制裁；而"should"则更多地用于表达一种指导性或建议性的行为模式，其违反通常不会引发直接的法律制裁①。另一方面，"努力"一词与义务相关联也略显悖谬，因为"努力"一词似乎默许了投资者有达不到要求的可能，从而使得CSR条款的可问责性也大大降低。

3. 部分CSR条款援引软法性法律文件

仍以《摩洛哥—尼日利亚BIT》的CSR条款为例，其中第2款规定："投资者应遵守（should apply）《关于跨国企业和社会政策的三方原则宣言》……"②

上述契约、原则、宣言、准则等文件的法律性质均属于国际软法性法律文件，并不能直接为投资者创设义务，CSR条款是否可以要求投资者遵守上述国际软法的规定，存在正当性疑虑，从而也阻却了CSR条款可能的义务属性。

然而，由于这些软法性法律文件的作用系解释CSR义务的外延，若CSR条款回避援用这类文件，仅概括地表示投资者应承担CSR义务，则CSR条款又可能因外延不明而被质疑其强制性。当然，也可以选择在条款中穷尽列举CSR的外延，但这一做法会导致条款过于冗长，且会压缩追究投资者责任的空间。

表1　CSR条款效力形态判断

<table>
<tr><th>约束主体</th><th>用语强度</th><th>是否援引软法</th><th>对投资者的效力形态</th></tr>
<tr><td rowspan="4">东道国</td><td rowspan="2">柔性</td><td>是</td><td>无强制性</td></tr>
<tr><td>否</td><td>无强制性</td></tr>
<tr><td rowspan="2">强硬</td><td>是</td><td>无强制性</td></tr>
<tr><td>否</td><td>无强制性</td></tr>
<tr><td rowspan="4">投资者</td><td rowspan="2">柔性</td><td>是</td><td>无强制性</td></tr>
<tr><td>否</td><td>无强制性</td></tr>
<tr><td rowspan="2">强硬</td><td>是</td><td>（因软法本身的非强制性而产生）无强制性怀疑</td></tr>
<tr><td>否</td><td>（因外延不明而产生）无强制性怀疑</td></tr>
</table>

① 参见冯寿波：《〈WTO协定〉中"shall"和"should"词义实证研究》，载《西南政法大学学报》2013年第5期，第174页。

② 2016 Morocco-Nigeria Bilateral Investment Treaty, Article 24.

（二）冲突具体表现

前面已经提到，这一冲突表现即当前 CSR 条款的强制性目标难以实现，换言之，该条款要具有义务属性颇为困难，从而将会导致东道国或仲裁庭在国际投资仲裁的框架之下难以依据 CSR 条款追究投资者违反了 CSR 义务的责任。具体而言：

在国际投资仲裁语境下追究投资者的 CSR 义务主要有东道国主动发起投资仲裁、针对投资者的本请求东道国提出反请求以及针对投资者的本请求东道国进行抗辩三种方式。需要特别说明的是，在当前国际投资仲裁实践中，东道国在国际投资争端解决中心（The International Center for Settlement of Investment Disputes，ICSID）中的地位较为被动，更多的是作为被诉一方出现在仲裁庭当中①，并且在 ICSID 运作至今裁决的诸多案件中，几乎没有东道国主动发起投资仲裁的先例。由此可见，尽管原则上，ICSID 并不当然排除东道国主动针对投资者提起仲裁请求②，但是在事实上，东道国已经沦为国际投资仲裁中“永恒的被申请人”③。而反观反请求与抗辩之路径，当前投资仲裁实践中已经出现多起东道国提出反请求的案例，且部分反请求被仲裁庭受理。而抗辩是东道国作为仲裁当事方的一项当然权利，更不必质疑其可行性。因此，当前更为切实可行的路径是在反请求以及抗辩这两条路径下追究投资者的 CSR 义务。故，本部分将仅对当前软法表述的 CSR 条款在这两条路径下对追究投资者责任造成的阻碍进行简要分析。

1. 反请求阶段 CSR 条款有效适用之困境

首先，在作为程序性要件的可受理性要件方面，CSR 条款的软法性表述可能会直接阻却反请求具备可受理性要件。具体而言，可受理性要件指的是东道国的反请求需要与投资者的本请求之间具有联系，而有的仲裁庭认为这种联系需要具备法律联系。所谓具备法律联系，即要求东道国提起的反请求与投资者

---

① 参见马明飞、蔡斯扬：《ICSID 仲裁管辖权争议中证明责任适用的局限与克服》，载《社会科学家》2021 年第 7 期，第 104 页。

② C. H. Schreuer, et al., The ICSID Convention: A Commentary, 2nd ed., Cambridge University Press, 2009, p. 458.

③ F. Poon & I. C. Popova, From Perpetual Respondent to Aspiring Counterclaimant? State Counterclaims in the New Wave of Investment Treaties, BCDR International Arbitration Review, Vol. 2, 2015, p. 255.

提起的本请求之间依据的法律基础相同[①]，通常投资者都是基于IIAs发起投资仲裁，特别是在“保护伞条款”普遍纳入IIAs的背景下，投资者基于IIAs提起投资仲裁更加便利，因此更具普遍性。鉴于此，法律联系要求当投资者基于IIAs发起投资仲裁时，东道国的反请求也需要依据IIAs提起。例如，在保肖克公司诉蒙古案（Paushok v. Mongolia）中，面对东道国基于国内法提出的反请求，仲裁庭选择予以驳回，并认为东道国必须基于IIAs提出反请求，因为单纯基于国内法提出的反请求不能够认为与申请人基于IIAs和国际法提出的本请求之间构成了不可分割且合理的联系[②]。

而根据前文所述，当前有些CSR条款在条约约束主体的表述上显示出强烈的为东道国而非投资者施加义务的倾向，这就会导致投资者在整个IIAs的语境下不存在任何直接被问责之可能。因此，东道国在面对投资者违反了CSR义务的情况时，将难以依据IIAs项下的CSR条款构建起与本请求与反请求之间的法律联系。

其次，在作为实体性要件的诉因要件方面，CSR条款当前的非义务属性嫌疑也会极大增加追究投资者CSR义务的反请求不被仲裁庭所支持的可能性。因为在诉因要件的判断阶段下，仲裁庭需要确认的是，投资者是否有明确的CSR义务来源。而有的仲裁庭认为这一义务必须来源于国际法。例如，厄巴瑟公司诉阿根廷案（Urbaser v. Argentina）的仲裁庭就指出，由于投资者保护水权的义务并未写进IIAs中，投资者没有国际法下保护水权的义务，从而驳回了东道国的反请求[③]。因此，基于当前CSR条款的软法表述，在IIAs项下CSR对投资者而言甚至不构成一项义务，若投资者需要承担CSR义务，将会丧失国际法依据，从而导致东道国的反请求可能不满足诉因要件。

2. 抗辩阶段CSR条款有效适用之困境

抗辩与反请求不同，抗辩不能提出全新的请求，只能针对投资者的本请求提出反对意见，以期能够完全或部分减免投资者主张的索赔数额。具体而言，在过去的投资仲裁实践中，投资者提出抗辩的路径主要有以下两种：第一种，尽管东道国在IIAs的语境下有保护投资者投资的义务，但是由于东道国同时加

---

① 参见桑远稞：《国际投资仲裁中国家反诉的适用困境及其化解》，载《中国海商法研究》2023年第1期，第107页。

② Sergei Paushok, CJSC Golden East Company, CISC Vostokneftegaz Company v. The Government of Mongolia, Award on Jurisdiction and Liability, 28 April 2011, paras. 694-695.

③ Urbaser S. A. and Consorcio de Aguas Bilbao Biskaia, Bilbao Biskaia Ur Partzuergoa v. Argentine Republic, ICSID Case No. ARB/07/26, December 8, 2016, Award.

入了其他保护人权/环境等事项的国际法文件，因此东道国同时也有保护人权/环境等事项的义务，如果东道国不对投资者的投资施以某种看起来违反了投资者保护义务的行为（如征收等），则东道国将会违反保护人权/环境等事项的义务。第二种，东道国直接指出投资者损害了人权/环境等事项，因此东道国本身的赔偿数额也应当减轻。

第一种路径完全不讨论投资者的 CSR 义务，东道国的所有抗辩都仅围绕自身义务展开，不在本文的探讨范围内①。而在第二种抗辩路径之下，东道国已经开始试图主张投资者的责任，从而投资者的 CSR 义务也就有了可讨论的空间。然而，在该种抗辩路径之下，首先需要确认的是，仲裁庭在确定东道国赔偿数额时是否必须将投资者对人权/环境等事项破坏的情况作为考量因素，这一问题的举证责任其实在东道国一方，而目前基本所有 IIAs 都没有设定特定的条款来为东道国的抗辩提供有力支撑。针对这一问题，2019 年《荷兰示范 BIT》中提出了一个非常先进的条款，其第 23 条规定，仲裁庭在评估东道国的赔偿金额时，应预计考虑到投资者不遵守赔偿规定、联合国关于商业和人权指导原则以及经合组织的指导方针的情况②。而即便解决了第一层困境，对仲裁庭而言，紧接着需要判断的是这种考量是否具有合法性，这将直接决定东道国的抗辩能否成功。而在当前 CSR 条款普遍软法化的现状下，投资者是否需要承担 CSR 义务仍存在较大的不确定性，从而也就极大地削弱了东道国采取前述第二种路径进行抗辩的有效性。

三、CSR 条款在国际投资仲裁中硬法化的必要性分析

CSR 条款在国际投资仲裁语境下硬法化，换言之，就是要在国际投资仲裁的语境下去追究投资者违反 CSR 义务的责任。如前所述，当前 CSR 条款在 IIAs 当中的定位较为特殊，责任对象模糊、效力模糊，带有“口号”属性，很难在投资仲裁中被成功适用追索投资者的责任。随之而来的问题是：既然当前 CSR 条款的表现形式与成功追究投资者责任的目标之间仍有很长的跨度，为何一定要坚持在投资仲裁的语境下适用 CSR 条款来追究投资者的责任，甚至花费更多的时间在 CSR 条款的改革进程中？显然，投资者—国家间争端解决机制（Investor-state dispute settlement，ISDS）并非唯一的追究投资者违反 CSR 义务的责任的平台，特别是投资者在东道国境内进行投资时，基于东道国的监管权，东

① 根据当前的投资仲裁实践，这种抗辩是否能够得到仲裁庭支持也存在不确定性。

② 2019 Dutch Model Bilateral Investment Treaty, Article 23.

道国政府拥有多种可以强迫投资者履行CSR义务的手段，这些手段涵盖了非法律和法律的范畴：如下达命令、刻意拖延处理事务的时间、发出告诫、要求重新谈判、违背承诺、出台法令、征收税款、煽动东道国国民的不良情绪以及实施扼杀策略等①。另外，基于东道国的属地管辖权，东道国完全可以通过国内法程序来追究投资者违反CSR义务的责任。因此，本部分笔者将对在国际投资仲裁语境下追究投资者违反CSR义务之责任的必要性进行阐释。

（一）维护国际投资场域的稳定性

近年来，国际投资法领域招致的批评的声音越来越多，其中最核心的焦点就在于国际投资场域创设的不平衡，特别体现在国际投资仲裁领域，东道国更多作为义务承担者的ISDS机制正遭受着正当性危机，且始终难以弥合各方改革意见。对ISDS机制的正当性否认，无异于动摇在国际投资法领域具有支柱地位的争端解决机制，从而容易引发整个国际投资场域遭受危机。而CSR条款带着为投资者施加义务的目的，落实CSR条款在ISDS机制中有效追究投资者责任，将有助于削减各方对ISDS机制的批评，回稳ISDS机制的支柱作用，从而维护国际投资场域的稳定性。

但目前仅在IIAs中写明CSR条款，却未确保该条款在ISDS机制中被充分适用，对于缓和当前国际投资场域波动局面起到的助推作用是微乎其微的。换言之，如果没有适当的程序工具能够用以确保CSR规范得到有效适用，那么CSR条款就仅是IIAs的点缀和装饰，没有任何法律意义②。

（二）统一CSR义务的效力形态

如果仅以国内法追责作为CSR条款的执行机制，由于各个国家对于国内立法拥有绝对的自主权，因此CSR义务可能在不同国家间产生不同的效力形态，投资者最终仍有逃避承担CSR义务的空间。如前所述，ISDS机制系在国际投资仲裁场域中具有支柱地位的争端解决程序，倘若通过这一程序来追究投资者不履行CSR的责任，那么投资者需履行CSR义务这一要求可能将会得到正式且统一的确立。因为尽管国际投资仲裁庭的个案具有独立属性，但是在投资仲裁中，

① S. M. Schwebel, A BIT about ICSID, ICSID Review-Foreign Investment Law Journal, Vol. 23, 2008, p. 5-6.

② M. Jarrett, S. Puig & S. R. Ratner, New Options for Investor Accountability in ISDS, Nov 12, 2024, available at https://www.ejiltalk.org/new-options-for-investor-accountability-in-isds/，最后访问于2025年6月4日。

争端各方通常援引仲裁庭的在先裁决来支持其主张。也有学者指出，大量证据表明，公开的ISDS裁决已被仲裁员视为具有重要作用的软法，在某些情况下，仲裁员对这些在先裁决的引用将直接影响待裁决案件的结果①。

（三）破除东道国监管寒蝉的桎梏

在东道国—投资者间权利义务失衡的现状之下，投资者主体也发现了部分仲裁庭对其利益的倾向：部分仲裁庭在处理案件时，选择过度聚焦于保护投资者权益，有时这种保护甚至走向了极端，仲裁庭作出的裁决几乎完全以捍卫投资者利益为宗旨，在面对东道国公共利益与投资者个人利益的天平上，倾向性地选择了后者，忽视了两者间应有的平衡考量。② 因此，一旦投资者对东道国对其投资行使的监管措施不满时，基于仲裁庭大概率会偏向自己的内心确信，可能会频繁发起投资仲裁。这一行为在为东道国带来频繁应诉压力的同时，基于仲裁庭倾斜的利益偏好，也可能为东道国带来巨大的经济负担，让投资仲裁逐渐沦为投资者攻击东道国的武器。以阿根廷为例，21世纪初，阿根廷频繁作为被申请方被投资者诉至ICSID，且其中阿根廷败诉的案件超过半数，因此阿根廷基于不堪重负的索赔负担，开始对ISDS机制的公平性、独立性以及透明度等事项产生质疑，并最终以退出ICSID收场。武器化的投资仲裁机制将会限制东道国行使正常的监管权力，从而放任投资者在东道国投资不负责任的乱象。

而在投资仲裁语境下，东道国同样有权利追究投资者因违反CSR义务而需承担的责任。换言之，当投资者明确自己也可能被仲裁庭判决承担一定的义务时，未来投资者在选择是否发起投资仲裁时将会更加理性和克制，而不再如过去一般肆无忌惮。对于东道国而言，其也能够摆脱过去对于外国投资者进行合理监管的“寒蝉效应”，能够敦促投资者在东道国领域进行负责任的投资，最终实现东道国可持续发展的投资目标。

（四）保证国内救济发挥实效性

即便东道国已通过国内法救济程序对投资者违反CSR的事宜作出处罚，投资者还是有可能会转向国际投资仲裁寻求帮助。一旦仲裁庭选择受理该案，此时对于东道国而言，为了确保已经发生的国内救济程序的实效性，其必须采取

① Andrew T. Guzman & Timothy L. Meyer, International Soft Law, 2 J. LEGAL ANALYSIS 171, 172 (2010).

② 参见余劲松：《国际投资条约仲裁中投资者与东道国权益保护平衡问题研究》，载《中国法学》2011年第2期，第132页。

反请求或抗辩的方式来反击投资者的本请求。如果国际投资仲裁中 CSR 条款没有可适用的空间，那么最终有可能导致东道国针对投资者违反 CSR 义务的国内救济程序的规范目的落空。

总结来说，东道国追究投资者违反 CSR 义务的责任共有国内法和国际法两种救济途径，以投资者发起投资仲裁的事由为区分，大致可呈现如下逻辑样态：

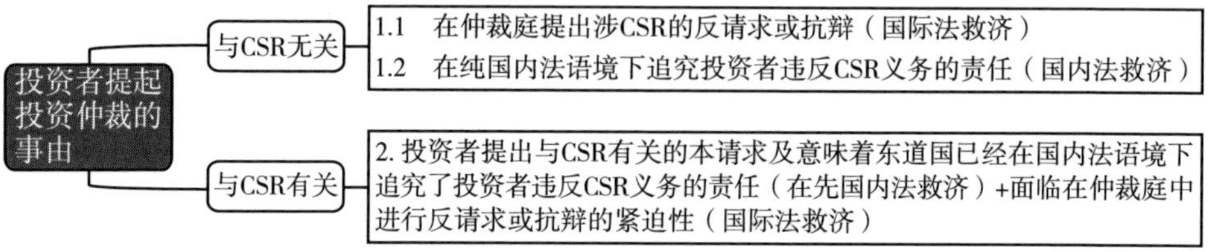

图 1 东道国追究投资者违反 CSR 义务的救济途径

如果投资者提出的本请求与 CSR 无关，那么对东道国而言，其既可以在应对本请求的期间提出涉 CSR 的反请求或抗辩［实践中佩伦科公司诉厄瓜多尔案以及伯灵顿资源公司诉厄瓜多尔案（Burlington Resources v. Ecuador）中东道国即采取了这种方式：投资者是基于对厄瓜多尔政府颁布的石油利润分成法令不满才将厄瓜多尔政府诉至 ICSID，而厄瓜多尔政府则针对佩伦科公司、伯灵顿资源公司对环境的破坏提出了反请求］，也可以选择只在国内法程序中另外去追究投资者违反 CSR 义务的责任。诚然，限定在本请求“与 CSR 无关”的语境下，CSR 条款在投资仲裁中适用的必要性并不强烈。

然而，一旦投资者提出的本请求与 CSR 有关，即投资者试图通过国际投资仲裁的方式对东道国已经对其作出的涉 CSR 的处罚予以实质性逃避。此时为了维护东道国的合法利益，如前文所述，在国际投资仲裁中适用 CSR 条款便具有十足的必要性，无论是东道国还是仲裁庭都无法预设投资者提出本请求的理由究竟是什么，因此 CSR 条款在国际投资仲裁中的硬法属性必须得以确认。

四、CSR 条款硬法性的应然向度：理论分析与仲裁庭实践的交融

根据前文论述，囿于当前 CSR 条款的软法属性，东道国及仲裁庭都很难在国际投资仲裁的语境下去追究投资者违反 CSR 义务的责任。对这种软法属性进行拆解，可以发现实际上有两个层面的属性：第一，用语造成的真正软法性，具体而言，指的是当前 CSR 条款并不直接针对投资者创设义务、使用“应该（sholud）”“努力”等无强制性的表述而造成的 CSR 条款软法表现，诚然，这种表述客观上

确实会造成 CSR 条款的软法属性；第二，援引软法造成的不真正软法性，即 CSR 条款援引软法性法律文件，从而导致 CSR 条款的强制性属性遭到怀疑。

若要使得 CSR 条款具备硬法属性，前述两个层面的软法性均需被破除，而真正软法性可以通过 IIAs 中 CSR 条款用语的修改来予以解决，且这一层面的修改仅需缔约国间达成合意即可完成，相对来说较为容易。但由于 CSR 条款所援引的法律文件确实是软法，因此不真正软法性的破除或许具有一定的理论和实践难度。本部分的核心内容将围绕破除这一不真正软法性而展开，以期能够为 CSR 条款即便援引软法性法律文件而仍然具有强制性这一观点寻求解释路径。

（一）外国投资者作为国际法主体承担 CSR 义务具备应然性

首先需要明确的是，当 IIAs 中写入 CSR 条款，东道国依据该条款追索投资者的 CSR 义务时，CSR 义务对于投资者而言已经成为一项国际法义务。投资者被追究责任的基础是作为国际法的 IIAs 的条款之一，国际法主体才是履行国际法义务的适格主体，因此 CSR 条款是否能够为投资者施加义务，首先需要明确的是外国投资者是否能够成为国际法主体，而国际投资场域发展到今天，这一问题应当已经有了肯定的答复。

从理论视角分析，在传统的国际法视阈中，跨国企业是否为适格的国际法主体存在争议，但是一方面随着国际投资场域的日臻繁荣，外国投资者及其投资在东道国境内的参与程度以及对东道国的影响正在逐渐加深；另一方面受宽松规制的影响，依托 IIAs，跨国企业在国际投资场域中被赋予了丰富的国际法项下的权利①，投资者已经成为国际法权利的应然享有者，因此应当认为在上述前提下，跨国企业的国际法主体地位已经被确认。此外，从仲裁庭实践角度来看，这一结论已经被部分 ICSID 仲裁庭通过个案的说理进行了支持。

例如，厄巴瑟公司诉阿根廷案，本案发生于阿根廷正面临经济危机的时代背景之下，阿根廷取消了布宜诺斯艾利斯大水井股份有限公司（Aguas Del Gran Buenos Aires S. A.，AGBA）在当地的供水和污水处理特许权。厄巴瑟公司（Urbaser）作为 AGBA 公司的股东，认为阿根廷的行为违反了《西班牙—阿根廷 BIT》中规定的投资保护义务，因而将阿根廷诉至 ICSID 仲裁庭。而阿根廷则以厄巴瑟公司侵犯了当地居民的水权为理由，针对厄巴瑟公司的本请求提出

---

① 参见毛俊响、盛喜：《跨国公司社会责任的确立：基于横向人权义务的补充分析》，载《中南大学学报（社科版）》2017 年第 4 期，第 29 页。

了反请求。仲裁庭在分析判断厄巴瑟公司是否有国际法项下保护人权的义务时提到："国际法承认企业社会责任对于外国投资者而言是一项至关重要的标准。这一标准包括外国投资者承诺在东道国开展业务时应当遵守有关人权的规定。鉴于这一较新的发展，不能再认为外国投资者可以免于成为国际法的主体[①]。"而其原因在于，"人人享有有尊严的人权以及获得适足住房和生活条件的权利是由公私各方不侵犯该项权利来实现的[②]"。值得一提的是，本案仲裁庭在直接指明外国投资者国际法主体身份的同时，也确认了企业社会责任的国际法义务属性。厄巴瑟公司诉阿根廷案的这类观点也直接被埃文等人诉哥斯达黎加案（Aven and Others v. Costa Rica）的仲裁庭所援用[③]。

在经过理论和实践分析确认外国投资者具备国际法主体的地位后，国际投资法主体需在国际法律秩序中享有权利并承担义务[④]。如前所述，外国投资者背靠 IIAs 已经获得了充足的权利（如投资保护等权利），因此，根据权利义务一致性的应然法理，外国投资者也应当承担一定的国际法义务。有学者指出，投资者的国际法义务应当涵盖 CSR 义务："从权利义务相契合的基本法理角度出发，跨国公司理应肩负起更为重大的责任。此责任涵盖政治、经济、道义以及法律等多个层面，是一种综合性的社会责任体现。"[⑤] 因此，站在国际法主体理论的宏观视角之下，投资者当然需要承担 CSR 义务。由于义务具有不可违逆性，从而 CSR 条款也就具备了可问责性，这种可问责性不应当因为 CSR 条款援引了软法性法律文件而被削减。

而这种观点似乎已经被埃文等人诉哥斯达黎加案的仲裁庭所采纳。本案的核心背景为美国投资者大卫·埃文（David Aven）等人在哥斯达黎加投资房地产项目，投资者称已获得所有必要的政府许可，但在项目开发过程中，哥斯达黎加政府机构认为项目地块存在湿地和森林，因此发布禁令暂停工程，甚至对

---

① Urbaser S. A. and Consorcio de Aguas Bilbao Biskaia, Bilbao Biskaia Ur Partzuergoa v. Argentine Republic, ICSID Case No. ARB/07/26, December 8, 2016, Award, para. 1195.

② Urbaser S. A. and Consorcio de Aguas Bilbao Biskaia, Bilbao Biskaia Ur Partzuergoa v. Argentine Republic, ICSID Case No. ARB/07/26, December 8, 2016, Award, para. 1199.

③ David R. Aven, Samuel D. Aven, Giacomo A. Buscemi and Others v. Republic of Costa Rica, ICSID Case No. UNCT/ 15 / 3, September 18, 2018, Final Award, para. 738.

④ Jernej Letnar Cernic. International children's rights: Essay: corporate human rights obligation at the international law level, Willamette Journal of International Law and Dispute Resolution, 2008 (16), p. 1-52.

⑤ 何易：《试论跨国公司的责任理论——法律责任和社会责任比较研究》，载《河南省政法管理干部学院学报》2001 年第 6 期，第 109 页。

埃文提起刑事指控。投资者认为这些措施违反了《中美洲自由贸易协定》(U.S.-Dominican Republic-Central America Free Trade Agreement, DR-CAFTA)中规定的公平公正待遇条款及征收条款，因此向仲裁庭提出本请求。而哥斯达黎加则以埃文等人损害了湿地和森林环境而向仲裁庭提起反请求。

面对哥斯达黎加的反请求，仲裁庭在诉因要件的判断阶段上，如前文提到，首先支持了投资者构成国际法主体的观点，仲裁庭给出的原因是："所有国家都尤为关注涉及环境保护的权利及义务。"紧接着，仲裁庭回顾了国际法院对环境保护义务的陈述："鉴于此类权利的重要性，所有国家都有保护此类权利的法益，它们是普遍适用的国际法义务①。"因此，借助厄巴瑟公司诉阿根廷案仲裁庭的观点，仲裁庭首先点明投资者是国际法义务的承担主体，接着仲裁庭进一步借助国际法院的陈述，将保护环境这一国际法义务的范围拓展至"普遍适用"的范围。换言之，每一国际法主体都应承担保护国家环境的义务。因此，仲裁庭实质上已经得出结论，投资者应当承担保护环境的国际法义务。

可以看到，仲裁庭在含蓄得出上述结论的过程中，并未依据 DR-CAFTA 中 CSR 条款的形式，而是直接依据国际法义务的内容而要求投资者承担环境保护义务。作为 CSR 义务外延之一的环境保护义务尚且如此分析，那么 CSR 义务的其他外延似乎也可以参照此种逻辑。

(二) 破除追责依据误判"暗礁"—软法性法律文件背靠 IIAs

当前在国际投资仲裁语境下，无论是仲裁庭还是东道国迟迟怠于依据 CSR 条款追究投资者的责任，一定程度是受限于 CSR 条款所援引的法律文件的软法属性。诚然，普遍写入 CSR 条款的《经济合作与发展组织关于国际投资与多国企业的宣言》、经济合作与发展组织《跨国公司行为准则》、联合国《全球契约》与联合国《工商企业与人权指导原则》等法律文件都是国际软法，在当前的国际法实践中也几乎找不到哪一方裁判机构直接基于上述软法性文件来有效追究投资者的责任，而投资仲裁也很难具备当然的特殊性。因此，从这个角度而言，我们能够理解东道国以及仲裁庭有意回避 CSR 条款的适用顾虑。但是这一分析问题的视角过于狭隘，在本部分本文将提供两种破除 CSR 条款因援引软法性法律文件而被视为具有软法属性的解释路径。

① David R. Aven; Samuel D. Aven, Giacomo A. Buscemi and Others v. Republic of Costa Rica, ICSID Case No. UNCT/ 15 / 3, September 18, 2018, Final Award, para. 738.

1. 解释路径一：软法性法律文件依托 IIAs 具备了硬法属性

当更深入地分析前述仲裁庭和东道国顾虑背后的逻辑时，我们会发现东道国和仲裁庭似乎默认在 CSR 条款的语境下，投资者所应遵守的国际法律文件仅有被援引的软法本身，因而产生了正当性疑虑。而囿于该种逻辑，东道国与投资者似乎忽视了这一条款本身属于 IIAs 的一部分，而投资者当然受到 IIAs 的约束。IIAs 的法律属性是一种硬法而非软法，因此可以认为，IIAs 为投资者施加了需要遵守特定软法性法律文件的义务，这些特定的软法性法律文件经由 IIAs 的援引，具备了以 ISDS 为表现形式的执行机制，打破了过去软法性文件缺乏执行机制的问题。因此在这种逻辑下，只需要确认投资者是否当然受到 IIAs 的约束。笔者以投资仲裁实践来进行论证。

（1）IIAs 目的扩张及仲裁庭关于适用法律的选择

站在 IIAs 强调保护投资者利益的传统视角之下，IIAs 中规定投资者的义务似乎是难以接受的，甚至会被认为与 IIAs 的目的不符，而东道国与投资母国才是 IIAs 适格的约束主体，这一观点随着当前国际投资场域中东道国—投资者之间权利义务失衡的现状愈演愈烈，似乎已经显得过于陈旧，IIAs 逐渐具备其他目标，而平衡国家主体与私主体之间在投资场域下的权利义务，一定会是未来投资仲裁改革的重中之重。在前述厄巴瑟公司诉阿根廷案中，仲裁庭提到，IIAs 的目的也不只有保护投资者的权利这一项，还应该具有其他的意义：“如果坚持 IIAs 的唯一目的就是通过专门授予投资者权利来保护其投资，IIAs 将被解释为一套孤立的国际法规则，在解释 IIAs 时需要诉诸国际法的一般规则这样的说法将显得毫无意义（有部分仲裁庭在说理时采取该种观点），投资者持有这种观点是错误的，有不止一个理由来驳斥这一观点。”①

另外，在投资仲裁实践中，部分仲裁庭在法律选择阶段，也会明确将案涉 BIT 作为解决东道国与投资者之间权利义务纠纷的适用法律。例如，在前述厄巴瑟公司诉阿根廷案当中，面对阿根廷提起的环境反请求，仲裁庭认为适用的法律包括《西班牙—阿根廷 BIT》，尽管仲裁庭承认《西班牙—阿根廷 BIT》并未直接对投资者施加任何义务②，但是仲裁庭同样指出该 BIT 并未规定

---

① Urbaser S. A. and Consorcio de Aguas Bilbao Biskaia, Bilbao Biskaia Ur Partzuergoa v. Argentine Republic, ICSID Case No. ARB/07/26, December 8, 2016, Award, para. 1189.

② Urbaser S. A. and Consorcio de Aguas Bilbao Biskaia, Bilbao Biskaia Ur Partzuergoa v. Argentine Republic, ICSID Case No. ARB/07/26, December 8, 2016, Award, para. 1182.

东道国在该 BIT 项下不享有任何权利。因此，站在仲裁庭的视角下，为保护东道国在 BIT 项下的权利，BIT 自然成为争议解决所适用的法律①。又如伯灵顿资源公司诉厄瓜多尔案，该案的核心案情为厄瓜多尔政府因不满与投资者伯灵顿资源公司之间的石油开采利润分成，出台了一系列高税率的法律法规，强制投资者就石油开采的额外利润进行上缴，伯灵顿资源公司认为厄瓜多尔政府的行为构成征收从而向 ICSID 仲裁庭发起仲裁，而厄瓜多尔则以投资者的该项投资损害了当地环境为由提出了反请求。仲裁庭在确认本案适用的法律时，针对本请求与反请求概括地提及："首先最重要的是 BIT；如有必要，厄瓜多尔的法律以及可能适用的国际法规则。②"

因此，在 IIAs 目的扩张以及仲裁庭开始以 IIAs 作为判定投资者责任的法律依据的情形下，投资者需要受到 IIAs 的约束似乎已经不辩自明。

（2）仲裁庭有依据 IIAs 特定条款追究投资者责任的强烈意愿

厄巴瑟公司诉阿根廷案仲裁庭审结于 2016 年 12 月 8 日，是当前唯一一个仲裁庭试图追究投资者国际法义务属性的企业社会责任的案例，仲裁庭在论证投资者是否有国际法项下保护水权的义务时提到：从《西班牙—阿根廷 BIT》的条款来看，保护水权的义务并没有施加给投资者，东道国在提出反请求时，也没有援引任何 BIT 条款。若要使投资者保护水权的国际法义务存在并在 BIT 内变得相关，那么 BIT 中应明确写入此类条款，或者这项国际法义务成为一项国际法的一般原则③。显然，仲裁庭也默认了当前要求投资者承担国际法语境下的 CSR 义务这一事项尚处于摸索阶段，该事项想要成为一项国际法一般原则还需要更久的时间。而若要追究投资者国际法下的 CSR 义务，将其写入 IIAs 也有实现追责的可能。该案初步显示了投资者责任可以被国家和仲裁庭纳入国际投资法的既定规则当中来④。因此，本案中仲裁庭有十分强烈的试图依据 CSR 条款追索投资者 CSR 义务的意愿。换言之，仲裁庭认可了 IIAs 对于投资者而言具有约束力，或者至少能够确认 IIAs 中的 CSR 条款对投资者产生约束力。

---

① Urbaser S. A. and Consorcio de Aguas Bilbao Biskaia, Bilbao Biskaia Ur Partzuergoa v. Argentine Republic, ICSID Case No. ARB/07/26, December 8, 2016, Award, para. 1183.

② Burlington Resources, Inc. v. Republic of Ecuador, ICSID Case No. ARB/08/5, February 7, 2017, Award para. 43.

③ Urbaser S. A. and Consorcio de Aguas Bilbao Biskaia, Bilbao Biskaia Ur Partzuergoa v. Argentine Republic, ICSID Case No. ARB/07/26, December 8, 2016, Award, para. 1207.

④ 刘嫡琬：《国际投资协定企业社会责任条款的适用问题初探》，载《国际经济法学刊》2023 年第 4 期，第 140 页。

同时，本案中仲裁庭也体现出对软法性法律文件的重视态度，更能进一步增强 IIAs 要求投资者履行软法性法律文件之义务的正当性。仲裁庭在论述时也提及了软法性法律文件来支持自己的观点："国际劳工组织《关于多国企业和社会政策的三方原则宣言》要求每个缔约国采取一切必要措施，以确保人人享有水权，因此对东道国来说必要的步骤是，应依靠 IIAs 让投资者参与进来履行国际法规定的义务。这也符合联合国经济、社会及文化权利委员会的结论，即缔约国应确保水权在国际协定中得到应有的重视。这包括在此类协定规定的争端解决机制中尽可能考虑与水权有关的事项。"① 由此观之，仲裁庭对于软法的效力和性质，并非持绝对的排斥态度。

2. 解释路径二：软法性法律文件仅起到解释 IIAs 之补充作用

该种解释路径仍然承认 IIAs 的硬法属性，也认为 IIAs 对投资者具有约束力。而与解释路径一的不同点在于，该种解释路径并未将 CSR 条款的义务内容解释为"投资者应当遵循特定软法性法律文件"，而是概括性地规定投资者应当承担 CSR 义务，而 CSR 条款援引软法性法律文件则是为了解释 CSR 义务的内涵。这一解释路径回避了软法性法律文件"软"之属性与追究责任之间的天然龃龉。但事实上，两种解释路径下投资者所应履行的 CSR 义务的内容从客观来看是一致的。《巴西—马拉维 BIT》在 CSR 条款中直接列明了 11 项 CSR 义务的具体义务标准②，以解释何为 CSR 义务。而在解释路径二的语境之下，CSR 条款所援引的软法性法律文件之性质与作用等同于《巴西—马拉维 BIT》中 CSR 条款所列明的 11 项 CSR 义务的具体标准。

仍然回到前述埃文等人诉哥斯达黎加案中来进行实践验视，DR-CAFTA 中的 CSR 条款为第 10.11 条，该条款仅概括地表示为："在本国领土的投资活动确保（ensure）是以对环境负责的方式进行的。"③ 应当看到，该条款为投资者义务型的 CSR 条款，而关于投资者 CSR 义务的内容却缺乏解释。然而，尽管缺乏更完善的解释，仲裁庭却认为，这一条款已经导致"投资者不仅在国内法下，

---

① Urbaser S. A. and Consorcio de Aguas Bilbao Biskaia, Bilbao Biskaia Ur Partzuergoa v. Argentine Republic, ICSID Case No. ARB/07/26, December 8, 2016, Award, para. 1209.

② Investment Cooperation and Facilitation Agreement between the Federative Republic of Brazil and the Republic of Malawi, Article 9. 2.

③ U. S. -Dominican Republic-Central America Free Trade Agreement, Article 10. 11.

而且在DR-CAFTA项下也有义务遵守和执行涉及环境安全的国内法律法规①”。仲裁庭以国内法义务完善了国际法语境下CSR义务的外延。从该案仲裁庭的观点来看，一个对CSR义务界定不完善的CSR条款，就已经能够为投资者创设CSR义务，而如果CSR条款援引软法性法律文件对其外延进行界定时，其强制性效力就会减损，这似乎是说不过去的。至少从该案的视角出发，CSR条款被赋予强制性是基于条款目的本身，其强制性不应受解释性文件效力的影响。

有学者曾指出，使软法性文件具备约束力的路径主要有三个：第一，一个不具约束力的规则被纳入一个有约束力的协议；第二，作为对现有的有约束力的国内和国际规则的解释；第三，通过颁布一套新的有约束力的规则取代过去无约束力的规则②。第三条路径的达成难度较大，因为一个法律文件之所以最终成为无约束力的软法，背后阻碍其强制性成就达成的因素注定是难以消解的。而前两条路径则较易达成，且刚好与前述CSR条款硬法化的解释路径所完全契合。

（三）软法性文件在CSR条款中的效力之重新评估

在前两部分，笔者的核心观点是：抽象来看，外国投资者作为国际法主体，基于权利义务对等的性质应当承担CSR义务；具象来看，由于IIAs对投资者而言是硬法，因此作为IIAs的条款之一的CSR条款便对投资者产生约束力，投资者应按照CSR条款的约定从事投资活动。因此在这两种情形下，即便CSR条款援引了软法性法律文件，投资者也应当遵守。换言之，要求投资者遵守软法性法律文件的动因是国际法主体义务或IIAs的强制性，而非软法性法律文件本身的“强制性”③。而在本部分，笔者将退一步，试图分析在国际投资仲裁语境下，CSR条款所援引的软法性法律文件本身是否具有产生强制性的可能。

1. 熊溪矿业公司诉秘鲁案（Bear Creek Mining v. Peru）部分仲裁员观点的松动

本案的核心案情为：熊溪矿业公司（Bear Creek）作为一家加拿大矿业公司，在秘鲁投资了Santa Ana银矿项目。2011年，当地社区因环境、文化等问题对采矿项目发起抗议，秘鲁政府随后采取一系列措施，包括颁布32号最高法

---

① David R. Aven, Samuel D. Aven, Giacomo A. Buscemi and Others v. Republic of Costa Rica, ICSID Case No. UNCT/ 15 / 3, September 18, 2018, Final Award, para. 734.

② Christine M. Chinkin, Normative Development in the International Legal System, in COMMITMENT AND COMPLIANCE: THE ROLE OF NON-BINDING NORMS IN THE INTERNATIONAL LEGAL SYSTEM, n. 26, p21.

③ 这种法律文件在国际投资仲裁中是否具备“强制性”存在一定争议，因此笔者加以引号。

令（Supreme Decree 032）撤销了此前授予熊溪矿业公司的公共必要性法令，取消了其采矿特许权。熊溪矿业公司认为秘鲁的行为构成征收，违反了《加拿大—秘鲁自由贸易协定》，因此向ICSID仲裁庭提起仲裁。而秘鲁则提出抗辩，认为熊溪矿业公司的投资侵犯了当地人权，即熊溪矿业公司违反了CSR义务①，更具体而言，违反了国际劳工组织《独立国家土著和部落居民公约》（第169号公约，以下简称《169号公约》）项下的人权义务②，因此仲裁庭并没有管辖权。仲裁庭最终裁决秘鲁需向熊溪矿业公司支付赔偿金，包括投资被征收的损失、相关费用及利息等。此外，仲裁庭还驳回了秘鲁关于管辖权的异议，认为熊溪矿业公司的投资符合《加拿大—秘鲁自由贸易协定》中的定义，仲裁庭具有管辖权。本案已于2017年11月30日审结。

在判断《169号公约》是否能为投资者直接施加义务时，仲裁庭最终认为：《169号公约》仅为国家施加了直接的义务，因此不存在投资者不遵守《169号公约》的这种情形，因为投资者在《169号公约》项下并没有任何义务。③ 然而，仲裁员菲利普·桑兹（Philippe Sands）则持有异议观点，他认为：尽管《169号公约》不能为投资者施加直接的义务，但是并不代表其对投资者没有任何意义和法律影响。④ 由于《加拿大—秘鲁自由贸易协定》关于争议适用法律的第837条规定，本仲裁庭“应根据本协定和可适用的国际法规则对争议问题作出裁决”，而《169号公约》是适用于秘鲁领土的国际法规则。因此本仲裁庭在确定投资者是否以适当方式履行其实现当地人民的期待的义务时应考虑《169号公约》，同时考虑所有相关法律要求，包括实施秘鲁的国内法。⑤

本案仲裁员菲利普·桑兹仅因为争端适用法律包含广泛的“对东道国适用的国际法规则”，就认为一项未对投资者直接施加义务的国际法律文件在投资仲裁语境下具备了对投资者的可问责性。尽管《169号公约》并非软法，其法律

---

① Bear Creek Mining Corporation v. Republic of Peru, ICSID Case No. ARB/14/21, October 6, 2015, Respondent's Counter-Memorial on the Merits and Memorial on Jurisdiction, para 66.

② Bear Creek Mining Corporation v. Republic of Peru, ICSID Case No. ARB/14/21, October 6, 2015, Respondent's Counter-Memorial on the Merits and Memorial on Jurisdiction, paras 62 125 127.

③ Bear Creek Mining Corporation v. Republic of Peru, ICSID Case No. ARB/14/21, November 30, 2017, Award, para. 241.

④ Bear Creek Mining Corporation v. Republic of Peru, ICSID Case No. ARB/14/21, November 30, 2017, Partial Dissenting Opinion by Philippe Sands, para. 10.

⑤ Bear Creek Mining Corporation v. Republic of Peru, ICSID Case No. ARB/14/21, November 30, 2017, Partial Dissenting Opinion by Philippe Sands, para. 11.

属性应当属于硬法，但是由于软法也并未直接向投资者施加义务，因此该仲裁员的思路对于投资仲裁领域软法硬法化的路径也能提供建议：如果仲裁庭认为投资争端适用的法律包含“国际法规则”这类宽泛的文件，那么软法性法律文件就可作为国际法规则之一，在菲利普·桑兹的观点下，如果该软法文件在东道国领域内适用，似乎也会具备对投资者的可问责性，从而使得软法性法律文件在投资仲裁的特定语境下实现了软法属性之硬法化。

仲裁员菲利普·桑兹的观点并非由其首创，在常设仲裁法院审理的南美银矿公司诉玻利维亚案（South American Silver v. Bolivia）中，为了使软法性法律文件能够成为仲裁庭裁决争端适用的法律①，东道国在答辩意见中就提出了类似的主张：“在国际贸易惯例适用以及作为国际公共秩序证据的相关范畴内，仲裁庭需对部分文书予以考量，诸如联合国工商业和人权指导原则以及 OECD 跨国企业指南，这些文书均清晰地提出了尊重与保护人权的要求，其中对于土著人民权利的尊重和保护更是重点所在。”②

总结来说，在这种解释路径下，CSR 条款所援引的软法性法律文件具有强制性是由于该文件被仲裁庭作为争端适用法律。但是仲裁庭是否会采取这种思路的不确定性较大，并且在当前的投资仲裁实践中尚未形成主流的裁判观点。以作为 CSR 的内容之一的人权为例，与人权有关的国际法规则是否能够成为解释 IIAs 的文件，当前投资仲裁实践中尚且未得出一致的观点。例如，阿苏瑞克斯公司诉阿根廷案（Azurix v. Argentina）③、西门子公司诉阿根廷案（Siemens v. Argentina）④ 的仲裁庭对此均持否定态度，而森普拉能源国际公司诉阿根廷案（Sempra Energy Int'l v. Argentina）⑤ 的仲裁庭出现了先不予支持，后仲裁裁决被予以撤销的松动，而厄巴瑟公司诉阿根廷案的仲裁庭则予以支持。

2. 佩伦科公司诉厄瓜多尔案⑥（Perenco v. Ecuador）厄瓜多尔法律专家提供的新思路

本案案情与伯灵顿资源公司诉厄瓜多尔案的案情基本一致，因为是这两个

---

① 黄世席：《论国际投资条约中企业社会责任条款的强化》，载《法学》2023 年第 3 期，第 186 页。

② South American Silver Limited v. Plurinational State of Bolivia, PCA Case No. 2013 - 15, Respondent Counter-Memorial, 31 March 2015, para. 220.

③ Azurix v. The Argentine Republic, ICSID Case No. ARB/01/12, July 14, 2006 Award.

④ Siemens AG v. Argentina, ICSID Case No. ARB /02 /8, August 3, 2004, Decision on Jurisdiction.

⑤ Sempra Energy International v. The Argentine Republic, ICSID Case No. ARB /02 /16, September 28, 2007, Award.

⑥ Perenco Ecuador Ltd. v. Republic of Ecuador, ICSID Case No. ARB/08/6, September 27, 2019, Award.

投资者作为合作伙伴共同针对案涉特定区域的石油开采事宜与厄瓜多尔政府签署了石油开采分成协议。

本案中，厄瓜多尔也向仲裁庭提起了涉环境损害的反请求。针对反请求，本案的仲裁庭与伯灵顿资源公司诉厄瓜多尔案的仲裁庭一样，都依据厄瓜多尔的国内法来要求投资者向厄瓜多尔支付一笔环境补偿款项，尽管这一数额远低于东道国的反请求所要求的数额，但也足以窥见仲裁庭在追究投资者 CSR 义务方面的意图和努力。

尽管本案仲裁庭在诉因要件判断阶段采取了国内法义务标准，投资者在本案中承担的是国内法语境下的 CSR 义务，但是值得一提的是，厄瓜多尔的一个法律专家在论述本案的环境反请求的适用法律有厄瓜多尔《环境管理法》时提到，《环境管理法》的出台，是受到有关环境保护的国际法律文书的启发，如《里约环境与发展宣言》。根据《环境管理法》第 3 条规定，《里约环境与发展宣言》是厄瓜多尔环境政策的指导工具①。尽管这一观点并未最终促成投资者需要依据《里约环境与发展宣言》承担起国际法性质的 CSR 义务，但是这一观点打破了国际法语境下的 CSR 义务与国内法语境下的 CSR 义务之间的壁垒，在以往的投资仲裁实践中，仲裁庭往往将国内法与国际法严格区分开来，特别是在反请求的语境下，在至关重要的诉因要件的判断阶段，仲裁庭往往分化出要求投资者具有国际法下的义务和具有国内法下的义务两种不同的裁决观点②，从而导致 CSR 条款在不同法域下的界定与适用也相对独立。而本案提供的思路在于，已经有专家注意到了国内法和国际法的互动性，以及国内环境立法可能吸收国际软法的原则，这为未来案件中考虑国际软法的强制性提供了潜在的解释路径。因为本案体现了国际软法通过指引具有强制力的国内法作用于投资仲裁的间接作用，证明软法性法律文件的效力并不能轻易被仲裁庭忽视。

诚然，站在软法性法律文件本身的视角分析其强制性，似乎确实没有国际法主体义务或 IIAs 为软法性法律文件赋予强制性这一视角更具说服力，但无论如何，前述两个案件所呈现的解释思路都能为 CSR 条款突破软法性法律文件的

---

① Perenco Ecuador Ltd. v. Republic of Ecuador, ICSID Case No. ARB/08/6, August 11, 2015, Interim Decision on the Environmental Counterclaim, para. 81.

② 参考桑远稞:《国际投资仲裁中国家反诉的适用困境及其化解》，载《中国海商法研究》2023 年第 1 期，第 102-112 页。

束缚，并逐渐具备硬法属性提供正向支撑。学界对此也在进行着积极的尝试，如有学者指出，不同的软法性法律文件中也具有效力强弱的区分[①]，有学者进一步指出，为何 CSR 条款所援引的软法性法律文件大多为《跨国公司行为准则》《全球契约》等这类有影响力的软法，而非援引一些诸如《国际商会可持续发展商业宪章》等影响力相对较低的软法[②]，一定程度上也反映出缔约国试图依据软法性法律文件追究投资者 CSR 义务的决心。另外，还有观点认为，参考国际商事仲裁领域，在该领域软法性法律文件也有很多，如《国际仲裁利益冲突指引》《国际仲裁取证规则》等，这些规则通过当事人在仲裁协议中引用而具有了法律约束力。这种由自愿引发的强制，是否也可以解释进国际投资仲裁领域[③]？

表 2 援引 CSR 条款并不影响其强制效力的理论及仲裁庭实践

理论	实践案例	仲裁庭/仲裁员/法律专家核心观点
外国投资者作为国际法主体，依据权利义务对等的原理，CSR 义务是其一项应然义务，该义务的强制性不会受到 CSR 条款援引软法性文件的影响	厄巴瑟公司诉阿根廷案	（仲裁庭）外国投资者是国际法主体
	埃文等人诉哥斯达黎加案	（仲裁庭）外国投资者是国际法主体 + 每一国际法主体都有保护环境的义务 ↓ 外国投资者应履行环境保护义务 （CSR 义务的外延之一）
IIAs 具有强制性，因此软法性法律文件依托 IIAs 具备了强制性	伯灵顿资源公司诉厄瓜多尔案	（仲裁庭）BIT 是解决东道国与投资者间权利纠纷所适用的法律 ↓ IIAs 对东道国与投资者来说具有强制性
	厄巴瑟公司诉阿根廷案	（仲裁庭）若要追究投资者的 CSR 义务，需要将该义务明确写入 IIAs 中 ↓ IIAs 中的 CSR 条款对东道国与投资者来说具有强制性

① 黄世席：《论国际投资条约中企业社会责任条款的强化》，载《法学》2023 年第 3 期，第 189 页。

② Vera Korzun, Enforcing soft law in international investment arbitration. Vanderbilt Journal of Transnational Law, 56 (1) (2023), p. 453.

③ Vera Korzun, Enforcing soft law in international investment arbitration. Vanderbilt Journal of Transnational Law, 56 (1) (2023), p. 453.

续表

理论	实践案例	仲裁庭/仲裁员/法律专家核心观点
软法性法律文件起到解释 IIAs 中 CSR 条款外延的作用	埃文等人诉哥斯达黎加案	（仲裁庭）CSR 条款被赋予强制性是基于条款目的本身，其强制性不应受解释性文件效力的影响
软法性法律文件的强制性不能被轻易忽视	熊溪矿业公司诉秘鲁案	（部分仲裁员）国际软法可通过争端适用法条款获得约束投资者的效力
	佩伦科公司诉厄瓜多尔案	（法律专家）国际软法通过指引具有强制性的国内法，最终作用于投资仲裁中，为未来仲裁庭解释国际软法的强制性创造了潜在的解释路径

五、结论

国际投资场域发展至今，东道国与投资者间权利义务失衡的现状亟待改善，而 CSR 条款的出现，便顺理成章地使 CSR 条款成为改善这一现状的依托路径。尽管 CSR 条款具有软法表象，但用语造成的真正软法性可以通过国家主体的合意而予以涤除，同时通过本文的论述，援引软法造成的不真正软法性实际上也可以通过解释而予以破除。无论如何，本文的核心观点在于，CSR 条款的硬法化是可行的。可以预见，未来随着国际社会对投资者 CSR 义务重视程度的提高，以及国际投资仲裁实践的不断演进，CSR 条款的硬法化将逐渐成为国际投资仲裁领域的一个重要发展趋势，进而一个投资者更负责的良性国际投资场域的发展目标将会更快实现。

（责任编委：卢雅函①）

① 中国国际经济贸易仲裁委员会知识产权争议解决处副处长。

“涉外仲裁”范式反思

杨 桦*

摘 要：涉外仲裁范式，即围绕涉外仲裁构建概念网络并选择工具模型。在“涉外仲裁就是含有涉外因素的仲裁”这一初级共识下，涉外仲裁范式已通过仲裁规则、相关立法和司法解释确立了实践地位，并曾在仲裁机构受案范围、法院对仲裁司法审查的管辖权划分和法律适用区分上发挥了重要作用。但近年来，涉外仲裁概念边界模糊、涉外仲裁与非涉外仲裁区分的制度性意义弱化、涉外仲裁政策与仲裁制度不相容等问题不断涌现，尤其是在稳步扩大制度型开放的过程中，上述问题直接导致因政策调整的司法解释的频繁应对，使得涉外仲裁的政策性特征愈加明显，而失却法律术语对相对精确表达的目标追求。仲裁裁决籍属范式以考察仲裁裁决的归属地为核心任务，取代涉外仲裁范式后，有助于体系化仲裁裁决分类、完善仲裁法制理论、深入涉外仲裁政策研究、促进立法技术成熟。

关键词：涉外仲裁范式 仲裁裁决籍属范式 涉外仲裁协议 涉外仲裁程序 涉外仲裁裁决

伴随美国学者托马斯·库恩（Thomas S. Kuhn）《科学革命的结构》一书问世，“范式”成为一个极度流行的词汇。可能由于“范式”在《科学革命的结构》中已有22种不同含义，[①]“范式”一词的之后使用者也表现出较大的随意性。本文仍冒险使用这一争议颇多的词汇，意在指出以“涉外仲裁”为核心概

---

* 杨桦，重庆市公民道德与社会建设研究中心副教授，法学博士。

① 有学者认为有21种含义，库恩本人认为有22种含义。参见［美］托马斯·库恩：《科学革命的结构》（第四版），金吾伦、胡新和译，北京大学出版社2012年版，第11页，注2。

念并因此而衍生出的工具模型。

一、“涉外仲裁”范式的确立与成果

我国现代涉外仲裁事业肇始于 20 世纪 50 年代，标志为 1956 年、1959 年对外贸易仲裁委员会（后更名为“中国国际经济贸易仲裁委员会”，以下简称 CIETAC）、海事仲裁委员会（后更名为“中国海事仲裁委员会”，以下简称 CMAC）的分别设立及其仲裁规则的颁布。考察 CIETAC 仲裁规则历年版本有关受案范围的规定，从概念选择上看，先后使用过对外贸易争议、[①] 国际经贸争议[②]和涉外争议[③]的表述；从内涵界定上看，主要采用争议主体的籍属和争议的性质标准界定争议是否属于上述范围。[④]《CMAC 仲裁规则》自 2018 年版开始使用国际或涉外争议的表述，但无具体适用情形的阐释。

1995 年《中华人民共和国仲裁法》（以下简称《仲裁法》）施行前的近 40 年间，由于 CIETAC 和 CMAC 是我国（除香港、澳门、台湾地区）仅有的能够受理涉外仲裁案件的机构，它们对涉外仲裁的理解具有政策和实践的权威性。在此期间，最高人民法院先后发布《关于贯彻执行〈中华人民共和国民法通则〉若干问题的意见（试行）》[⑤]《关于适用〈中华人民共和国民事诉讼法〉若干问题的意见》，[⑥] 确立了主体、客体、内容其中任一要素涉外即为涉外民事关系或涉外民事案件的主流判断标准。由此带给仲裁界的影响不仅是拓展和精确定义了涉外仲裁的内涵，更使涉外仲裁逐渐成为一个广为知晓的术语，并为 1995 年生效的《仲裁法》第七章所采用。同年，最高人民法院发布《关于人民法院处理与涉外仲裁及外国仲裁事项有关问题的通知》，建立了涉外仲裁司法审查报告制度，将“涉外仲裁”与“外国仲裁”归为一类，获得同等待遇，并区别于国内仲裁无须报告的司法审查模式，明确了仲裁类型划分的目的。[⑦] 报告

---

① 《CIETAC 仲裁程序暂行规则》1956 年版。

② 《CIETAC 仲裁规则》1988 年版。

③ 《CIETAC 仲裁规则》1994 年及其以后版本。

④ 《CIETAC 仲裁规则》1956 年版、1994 年版、1995 年版、1998 年版、2000 年版。自 2005 年版开始，受案范围仅列明“国际的或涉外的争议案件”，而不再具体罗列各种情形。

⑤ 《最高人民法院关于贯彻执行〈中华人民共和国民法通则〉若干问题的意见（试行）》（1988 年，已失效）第 178 条第 1 款。

⑥ 《最高人民法院关于适用〈中华人民共和国民事诉讼法〉若干问题的意见》（1992 年，已失效）第 304 条。

⑦ 当然，除了报告制度这一程序要求以外，涉外裁决、外国裁决与国内裁决在撤销和不予执行裁决的事由上也有实质不同。

制度运行的20余年间，“涉外仲裁”观念深入人心。此外，1991年生效的《中华人民共和国民事诉讼法》（以下简称《民事诉讼法》）引入涉外仲裁机构和涉外仲裁机构的裁决概念，完善了“涉外仲裁”术语系统。

“涉外仲裁”范式的实践建构过程离不开与理论探究的互动，上述有关概念选择、标准认定、分类目的、术语体系等内容也是学界讨论的热点。例如，21世纪初即有学者关注“国际仲裁”与“涉外仲裁”的关系问题，有的认为两个概念外延宽窄有别，① 但多数认为二者至多是观察视角的不同，可以相互替换，无须严格区分。② 关于涉外标准的判断，多数学者赞同实质性联结因素标准和争议的国际性质标准，③ 但也有学者认为除此之外，还应有当事人约定导致涉外标准和强制性法律规定标准。④ 在司法审查机制上，涉外仲裁的识别一度成为“内外有别，程序监督”还是“内外一致，全面监督”的论争基础，⑤ 证明了国内仲裁与涉外仲裁界分的现实意义。近些年，涉外仲裁实践为学理研究提供了丰富素材，从“无涉外因素纠纷约定域外仲裁的协议效力”问题，⑥ 到仲裁裁决国籍的确定依据，⑦ 再到程序性涉外的零星讨论，⑧ 以涉外仲裁协议、涉外仲裁程序、涉外仲裁裁决精细化涉外仲裁概念的思路初步显现。

---

① 如认为国际商事仲裁包括涉外仲裁，参见宋连斌：《国际商事仲裁管辖权研究》，法律出版社2000年版，第2页。

② 如刘想树：《中国涉外仲裁裁决制度与学理研究》，法律出版社2001年版，第7页；陈治东：《国际商事仲裁法》，法律出版社1998年版，第36页。

③ 如韩德培：《国际私法新论》，武汉大学出版社1997年版，第3-4页。

④ 参见林一飞：《涉外因素：仲裁实践提出的新问题》，载《中国对外贸易》2001年第10期，第20-22页。

⑤ 参见陈安：《中国涉外仲裁监督机制评析》，载《中国社会科学》1995年第4期，第19-31页；肖永平：《内国、涉外仲裁监督机制之我见——对〈中国涉外仲裁监督机制评析〉一文的商榷》，载《中国社会科学》1998年第2期，第94-97页；陈安：《中国涉外仲裁监督机制申论》，载《中国社会科学》1998年第2期，第97-106页。

⑥ 参见张建：《非涉外纠纷约定境外仲裁的条款效力问题探微》，载《北京邮电大学学报（社会科学版）》2016年第1期，第20-25页；张珍星：《无涉外因素纠纷约定外国仲裁协议无效的司法惯例剖析》，载《国际商务（对外经济贸易大学学报）》2018年第4期，第121-133页；秦男：《论选择境外仲裁机构仲裁协议效力的司法审查路径》，载《法律适用》2021年第10期，第126-135页。

⑦ 参见赵秀文：《论国际商事仲裁裁决的国籍及其撤销的理论与实践》，载《法制与社会发展》2002年第1期，第62-79页；黄亚英：《外国仲裁裁决论析——基于〈纽约公约〉及中国实践的视角》，载《现代法学》2007年第1期，第124-131页；赵秀文：《非内国裁决的法律性质辨析》，载《法学》2007年第10期，第16-23页。

⑧ 参见周艳云：《涉外因素识别条款扩张解释的技术操作基准——以“法释〔2012〕24号”第1条为中心》，载《法学》2018年第11期，第188页；杨桦：《论〈纽约公约〉中仲裁裁决的国籍问题》，载《河北法学》2012年第2期，第137页。

二、“涉外仲裁”范式面临的挑战

理论上与“国际仲裁”的一体研究，应用中与“外国仲裁”的同类对待，“涉外仲裁”长期止步于“涉外仲裁即含有涉外因素的仲裁”这一初级共识。尽管围绕“涉外因素”的内涵已经涌现出前述丰富的理论和实践成果，但对于扩张解释涉外因素趋势的合理性及其边界分析、“涉外仲裁”中“仲裁”的意指等问题一直缺乏足够关注，以至于无论是术语界定，还是制度功效，甚至涉外政策的逻辑自洽上，“涉外仲裁”范式均面临较明显的危机。

（一）“涉外仲裁”的界定困境

“涉外仲裁”由“涉外”和“仲裁”两个词语构成，直观地，如果能分别界定清楚何为“涉外”、何为“仲裁”，则“涉外仲裁”的边界有望廓清。然而实践中，一方面，“涉外”的适用范围不断拓展，法律术语的特征日渐弱化，政策术语的特征逐渐加强；另一方面，作为偏正结构的“涉外仲裁”，“仲裁”这个中心语却被有意无意地忽略了。

1. “涉外”视角的困境

“涉外仲裁”概念界定的主要争点为“涉外”的含义。如前所述，我国理论与实践已发展出主流的，依据民事关系主体、客体、内容任一要素涉外进行判定的要素分析法。要素分析法虽然有简单明了、便于司法操作的优点，但也存在人为制造连结点，导致偶然涉外，从而进行法律规避的风险。① 因此，形式上、表面上、偶然地具有涉外因素与实质上、内在地、必然地具有涉外因素相比较而言，后者在决定法律适用上应当发挥更重要作用。② 机械适用要素分析法的风险是，要么将形式涉外、实质不涉外的民事关系识别为涉外关系而不当扩张了“涉外”范围，要么将形式不涉外、实质涉外的民事关系识别为非涉外关系而不当限缩了“涉外”范围。

或许是对要素分析法过于僵化的内在特性的批判与反思，促成了《最高人民法院关于适用〈中华人民共和国涉外民事关系法律适用法〉若干问题的解释（一）》（以下简称《法律适用法解释》）第1条第5项兜底条款规定

---

① 如“鲍富莱蒙案”“巴布克诉杰克逊案”等经典案例。参见张春良：《涉外民事关系判定准则之优化——要素分析的形式偏谬及其实质修正》，载《法商研究》2011年第1期，第114-115页。

② 参见王胜明：《涉外民事关系法律适用法若干争议问题》，载《法学研究》2012年第2期，第188页。

“可以认定为涉外民事关系的其他情形”的诞生，意在补正不当限缩的“涉外”范围。然而，兜底条款在适用上不确定性的固有缺陷必然引发“涉外”扩张解释失控的担忧，消解担忧的途径是寻找能够廓清扩张边界的方法，比如，基于利益关联分析法、利益冲突分析法判定何为真实的涉外因素。[①] 这与综合要素测试、效果测试、功能测试的“三级测试”法[②]有异曲同工之效，即在固定的连结点判定基础上，辅以灵活的一般原则进行适用指导，目的均在于找出真正的涉外因素。以下试以“西某某案”和“朝某某案”为例分析。

“西某某案”中，[③]法院适用了兜底条款“可以认定为涉外民事关系的其他情形”，认为外商独资企业虽然系中国法人，“但其资本来源、最终利益归属、公司的经营决策一般均与其境外投资者关联密切”，“外商独资企业”被视为一个“隐性”涉外因素似乎是一个合理解释，属于形式不涉外实质涉外的情形。而几乎与该案同期的“朝某某案”，[④] 法院并没有考虑“外商独资企业”这个“隐性”涉外因素。当然，两案也有细微不同，“西某某案”中的外商独资企业设立于自贸区内，有别于“朝某某案”自贸区外的外商独资企业，由此，“支持自贸区法治建设可先行先试”的司法政策也成为判定涉外与否的重要参照。这意味着在“一国两制”“四法域”原本就比较复杂的法治环境下，“涉外”中的“外”不仅是指“外法域”，还应加上“例外政策”，因此可以确定的是，“涉外”的内涵必将受到不确定政策的影响而“显性”扩张或限缩。[⑤]

当“涉外”被选定为一个理解法律世界的术语时，没有人会否认以不断拓展其精度和广度的方式有序化仲裁领域的价值，要素分析法正是这种努力的结果。但接下来以各种方法企图对要素分析进行补正的努力，看似在拓展适用广度，实则精确性已大打折扣，“涉外”概念又回到含糊不清甚至面目全非的状

---

① 参见周艳云：《涉外因素识别条款扩张解释的技术操作基准——以“法释〔2012〕24号”第1条为中心》，载《法学》2018年第11期，第185-187页。

② 参见张春良：《涉外民事关系判定准则之优化——要素分析的形式偏谬及其实质修正》，载《法商研究》2011年第1期，第117-118页。

③ 参见“西某某诉黄某某仲裁裁决民事裁定书”，载最高人民法院国际商事法庭网，https://cicc.court.gov.cn/html/1/218/62/163/635.html，最后访问于2025年6月26日。

④ 参见“朝某某申请承认和执行外国仲裁裁决案”，载北京法院审判信息网，https://www.bjcourt.gov.cn/article/newsDetail_fwb.htm?NId=30000120，最后访问于2025年6月26日。

⑤ 2016年《最高人民法院关于为自由贸易试验区建设提供司法保障的意见》（以下简称法发〔2016〕34号）发布，其中第9条的规定间接确认了自贸区内注册的外商投资企业的主体涉外性质，并在全国司法系统内统一了认识。

态。有人认为是涉外因素语言本身的相对模糊性，使其内涵和外延边界之间呈现不确定的多种样态。[①]

2. “仲裁”视角的检视

“涉外仲裁”概念界定中同样重要但长期被忽略的另一个问题是“仲裁”的含义。当“仲裁”作为一个概念独立出现时，无人会质疑其非诉讼纠纷解决机制的本质，有意思的是以“涉外”修饰“仲裁”后，作为修饰语的“涉外”风头强劲，力压“仲裁”。比较《法律适用法解释》第 1 条和《最高人民法院关于适用〈中华人民共和国民事诉讼法〉的解释》第 520 条的规定会发现，除将“涉外民事关系”替换为“涉外民事案件”外，两条内容的表述几乎完全一致。可见，“涉外民事案件的认定就是涉外民事关系的认定”[②]已不是少数意见。不可否认，民事关系的厘定是民事案件处理的核心内容，但无论是通过诉讼还是仲裁方式处理案件，法学常识告诉我们，程序规范在处理案件上的独立价值不可能被民商事实体法律规范取代。具体而言，一方当事人以仲裁协议为依据向仲裁机构（或临时仲裁中的仲裁庭）申请仲裁，仲裁庭组成后依据法律、规则等在特定地点作出裁决，法院在仲裁程序中及/或后的介入（如管辖权的确定、协助仲裁庭的组成、临时措施命令的执行、仲裁裁决的撤销、仲裁裁决的承认与执行等），共同构成一个完整的仲裁案件处理流程。实践中，“朝某某案”和“西某某案”的当事人注册资本来源、“龙某某案”[③] 的国外仲裁机构、“万某某案”[④]选择外国法律规制主合同，都使案件具备涉外因素。除此之外，仲裁地、仲裁程序法规的选择、仲裁开庭地、仲裁员及仲裁程序其他参与人的国籍、仲裁语言等也是仲裁程序中可能遇到的涉外因素。由此，我们只关注实体法律规范的核心——民事法律关系中的主体、客体、当事人的权利义务关系的涉外性，而无视程序进行中的涉外因素，的确是个有意思的现象。

也许会有人说，仲裁开庭地、仲裁员及仲裁程序其他参与人的国籍、仲裁

---

① 周艳云：《涉外因素识别条款扩张解释的技术操作基准——以“法释〔2012〕24 号”第 1 条为中心》，载《法学》2018 年第 11 期，第 191 页。

② 参见徐妮娜：《关于我国涉外民事案件认定标准的思考》，载《法律适用》2010 年第 Z1 期，第 57 页。

③ 参见《最高人民法院关于申请人安徽省龙利得包装印刷有限公司与被申请人 BP Agnati S. R. L 申请确认仲裁协议效力案的请示的复函》（以下简称〔2013〕民四他字第 13 号）。

④ 参见《最高人民法院关于江苏航天万源风电设备制造有限公司与艾尔姆风能叶片制品（天津）有限公司申请确认仲裁协议效力纠纷一案的请示的复函》（以下简称〔2012〕民四他字第 2 号）。

语言等的涉外性是国际仲裁的常见现象，无须给予政策的特殊考虑。[①] 然而，没有意识到和不需要考虑显然是两个问题，前述“涉外”因素的反复界定正是缺乏对仲裁程序中诸多可能涉外因素的体系性考虑所致，致使个案出现后才思考应对之策。为解决问题而提出的应急措施难免思虑不周，长此以往，“涉外仲裁”必将成为稳定性较差的政策性术语，而离法律术语相对稳定、精确的要求越来越远。可喜的是，2017 年，最高人民法院公布《关于审理仲裁司法审查案件若干问题的规定》（以下简称法释〔2017〕22 号），[②] 明确了从涉外仲裁协议和涉外仲裁裁决两个角度考察“涉外仲裁”概念的思路。

因此，作为术语系统属概念的涉外仲裁至少应包括涉外仲裁协议、涉外仲裁程序、涉外仲裁裁决等下位概念，也即仲裁协议、仲裁程序、仲裁裁决任一要素涉外，都属于涉外仲裁。换言之，如以涉外仲裁协议、涉外仲裁程序、涉外仲裁裁决任一概念替换涉外仲裁，都是违背种属规律的混淆概念行为。这是全面理解“涉外仲裁”概念的首要关键点。

（二）“涉外仲裁”的制度困境

依据目前我国法规及仲裁、司法实践，无论是在管辖权分配、仲裁裁决的司法审查等具体制度设计方面还是在当事人意思自治的限制等基本原则方面，涉外仲裁与非涉外仲裁的区分都是思考问题的出发点。但近年来，涉外仲裁的制度性特殊待遇日渐式微，这不仅表现在与非涉外仲裁某些制度的悄然并轨，也表现在对双轨制度的激烈论战。

1. 管辖权趋同下的分类反思

从仲裁案件受理的管辖权分配来看，自 1995 年《仲裁法》实施以来，涉外仲裁案件不再由 CIETAC 和 CMAC 专属管辖，依照《仲裁法》和国务院办公厅《重新组建仲裁机构方案》新组建的仲裁委员会均可受理涉外案件。由此，“涉外仲裁”与“非涉外仲裁”的案件受理机构已完全一致，并无差别，这不仅使得 2023 年修正的《民事诉讼法》[③] 中仍坚持使用“涉外仲裁机构”概念的做法匪夷所思，更使得“涉外仲裁”与“非涉外仲裁”的分类在仲裁机构的管辖权

---

① 事实上，仲裁员的国籍、仲裁语言等已成为我国当下涉外法治人才培养工作的主要着力点，也是我国涉外法治政策不可回避的问题。

② 第 12 条：“仲裁协议或者仲裁裁决具有《最高人民法院关于适用〈中华人民共和国涉外民事关系法律适用法〉若干问题的解释（一）》第一条规定情形的，为涉外仲裁协议或者涉外仲裁裁决。”

③ 详见第 290 条和第 291 条。

判断上失去意义。

从仲裁司法审查案件的管辖权分配来看，自最高人民法院于2017年、2018年连续发布三个相关司法解释①和一个通知②以来，无论是在仲裁司法审查案件管辖法院的地域、级别，还是在法院内部对案件的归口管理业务庭上，涉外仲裁与非涉外仲裁案件也趋于统一。仲裁司法审查包括仲裁协议的司法审查和仲裁裁决的司法审查。具体而言，前者是指由法院审查仲裁协议是否有效，后者是指由法院审查仲裁裁决是否有效并决定撤销仲裁裁决、不予执行仲裁裁决或承认与执行仲裁裁决。例如，申请确认仲裁协议效力的案件不再区分涉外与否而统一管辖法院；③ 仲裁裁决执行的案件，非涉外与涉外案件管辖法院也高度重合。④ 随着法释〔2017〕21号的发布及2021年修改后报备制度的新增，原仅适用于涉外仲裁司法审查案件的内部报告制度，延伸适用于非涉外仲裁案件，由高级人民法院审核的案件，也须向最高人民法院报备。⑤ 报核、报备制度进一步模糊了涉外仲裁与非涉外仲裁司法审查案件的管辖界限。

2. 仲裁裁决司法审查单双轨制的论战

根据我国《仲裁法》和《民事诉讼法》的规定，涉外仲裁裁决与非涉外仲裁裁决的司法审查依据是不同的，⑥ 即学界所称双轨制。始于20世纪90年代末的双轨制与并轨制的激烈论战，引发了有关仲裁司法审查的理论研究热潮，⑦ 迄今为止，学界对仲裁裁决究竟应当实行程序监督还是全面监督，应当区分国内与涉外裁决还是统一标准仍未达成共识，但实务界已受到这场论战的影响而悄然发生了变化。

"裁决所根据的证据是伪造的""对方当事人隐瞒了足以影响公正裁决的证

---

① 《最高人民法院关于仲裁司法审查案件报核问题的有关规定》（以下简称法释〔2017〕21号，已被修正）、法释〔2017〕22号、《最高人民法院关于人民法院办理仲裁裁决执行案件若干问题的规定》（以下简称法释〔2018〕5号）。

② 《最高人民法院关于仲裁司法审查案件归口办理有关问题的通知》（法〔2017〕152号）。

③ 法释〔2017〕22号第2条。

④ 法释〔2018〕5号第2条、《民事诉讼法》第290条和第291条。

⑤ 参见《最高人民法院关于修改〈最高人民法院关于仲裁司法审查案件报核问题的有关规定〉的决定》。

⑥ 涉外仲裁裁决的司法审查依据是《仲裁法》第70条、第71条及《民事诉讼法》第291条；非涉外仲裁裁决的司法审查依据是《仲裁法》第58条、第63条及《民事诉讼法》第248条。

⑦ 仅以中国知网学术期刊检索为例，有关"撤销仲裁裁决"和"不予执行仲裁裁决"的论文多达700余篇，另有"仲裁司法审查"的论文500余篇，去除其中有关仲裁协议司法审查的论文，加上相关专著、专论等，仲裁裁决司法审查的文献数量是庞大的。最后访问于2024年12月27日。

据的”两项事由[①]仅适用于非涉外仲裁裁决，被视为与涉外仲裁裁决司法审查的重大区别。一方面，从立法修订的历程来看，此两项事由的前身“认定事实的主要证据不足的”“适用法律确有错误的”[②]具有明显的实体监督倾向，在“国内仲裁司法审查应以程序审查为主的有限审查原则”[③]影响之下，产生了修订后的两项倾向不明的事由；另一方面，从司法实践来看，法院严格依照法释〔2018〕5号伪造隐瞒证据的限定条件，[④]认定伪造和隐瞒证据。[⑤]暂且不论国内仲裁裁决逐渐趋向程序审查的合理性、学界对于双轨制与并轨制的莫衷一是、审查事由仍然相异等事实，司法实践已经在探索统一涉外仲裁裁决与非涉外仲裁裁决以程序审查为原则的模式。

当司法经验频频传递出同等对待涉外仲裁与非涉外仲裁的趋向时，不禁使人想以经典法谚“法律的生命一直并非逻辑，法律的生命一直是经验”来重申涉外仲裁与非涉外仲裁区分的制度性意义弱化。但是，该法谚并没有告诉我们，当经验沉默无语时应当忽视逻辑，[⑥]因此，不能仅凭现有司法经验质疑“涉外仲裁”范式，还应考察“涉外仲裁”能否逻辑自洽。

（三）“涉外仲裁”政策的逻辑困境

归根结底，涉外仲裁隶属于仲裁制度，涉外仲裁政策应体现仲裁的制度性特征和要求，否则就会因系统不兼容而出现逻辑混乱。如果涉外仲裁只能停留于变幻无常的政策层面，而不能有机融入相对稳定的仲裁法制中，就会为涉外法治目标的实现造成重大障碍。

以尊重当事人意思自治原则为基础构筑的仲裁制度赋予当事人较多的自主选择权，从选择仲裁员、仲裁机构的自由，到选择解纷的程序规则甚至实体规则等自由，处处体现着仲裁的私人定制特征。当然，当事人的选择自由也不是毫无限制的，尤其伴随近代仲裁法制化的发展，法律成为仲裁制度的天然掣肘。

---

① 《仲裁法》第58条撤销国内仲裁裁决的依据，《民事诉讼法》2012年修正及其之后版本中不予执行国内仲裁裁决的依据。

② 《民事诉讼法》2012年修正之前版本中不予执行国内仲裁裁决的依据。

③ 参见最高人民法院民事审判第四庭编：《最高人民法院商事仲裁司法审查年度报告（2019）》，人民法院出版社2021年版，第7页。

④ 第15条、第16条。

⑤ 参见最高人民法院民事审判第四庭编：《最高人民法院商事仲裁司法审查年度报告（2019）》，人民法院出版社2021年版，第37-38页。

⑥ ［美］本杰明·卡多佐：《司法过程的性质》，苏力译，商务印书馆1997年版，第16页。

从当事人约定提交仲裁的争议必须在法律许可的范围内，到当事人约定的仲裁程序不能违背程序公正的基本要求，无不体现着法律对当事人意思自治的限制。然而，以上种种限制都不能动摇当事人意思自治作为仲裁制度基石的牢固地位，毕竟，没有当事人的合意就没有仲裁制度的诞生。要言之，尊重当事人意思自治是仲裁的制度性特征，涉外与否并非决定因素。

近年来，以“万某某案”和“朝某某案”等为代表的案例展现了对当事人意思进行限制的新类型——无涉外因素的纠纷当事人不得选择域外仲裁机构仲裁，否则，仲裁协议无效。依据法律推理的一般步骤，判定仲裁协议的效力首先会依据《仲裁法》第16条、第17条有关仲裁协议内容和效力的规定，经过比对，仲裁协议内容完整且不存在无效理由；再者，因为仲裁协议本质上的合同属性，还可参考一般法《中华人民共和国民法典》合同编“合同的效力”章①和总则编“民事法律行为”章“民事法律行为的效力”节②的相关规定，经过比对，当事人具备相应的民事行为能力且意思表示真实，欲使仲裁协议无效，只得证明要么“违反法律、行政法规的强制性规定”，要么“违背公序良俗”。截至目前，国内尚无禁止无涉外因素纠纷的当事人选择域外仲裁机构仲裁的法律、行政法规的强制性规定，而此类仲裁协议的签订更无违背公序良俗的基础。有人认为，原《中华人民共和国合同法》和《民事诉讼法》的相关规定可以作为认定此类协议无效的依据，③ 这种以“法无授权不可为”的公权行使原则限制私权的创造性解释思路不仅难以令人信服，在《中华人民共和国民法典》未吸收原《中华人民共和国合同法》上述规定的语境下更失去了解释基础。同时，与法院充分尊重当事人的仲裁意愿，秉持有利于认定仲裁协议有效原则，支持当事人选择仲裁解决纠纷④的司法政策也是相悖的。

由此导致的直接后果是，最高人民法院需要频频发布界定“涉外仲裁”的司法解释以应对政策调整。例如，《最高人民法院关于在粤港澳大湾区内地登记设立的香港、澳门投资企业协议选择港澳法律为合同适用法律或者协议约定港

---

① 参见《中华人民共和国民法典》第508条。

② 参见《中华人民共和国民法典》第143条。

③ 原《中华人民共和国合同法》第128条、《民事诉讼法》第288条第1款。参见何云：《我国涉外仲裁司法审查的几个争议问题——以〈仲裁法〉修订为视角》，载《法律适用》2023年第9期；亦参见〔2012〕民四他字第2号。

④ 参见最高人民法院民事审判第四庭编：《最高人民法院商事仲裁司法审查年度报告（2019）》，人民法院出版社2021年版，第26页。

澳为仲裁地效力问题的批复》（法释〔2025〕3号）中，专门认可了粤港澳大湾区内的港资、澳资企业协议选择港澳法律和约定港澳仲裁的有效性，但如果出现当事人约定适用两地以及内地以外法律或两地以及内地以外仲裁地，最高人民法院是否又需解释澄清呢？

三、“涉外仲裁”范式转换的可能面向

前文已述，“涉外仲裁”概念内涵丰富。那么，如果将涉外仲裁概念进一步精细化为涉外仲裁协议、涉外仲裁程序、涉外仲裁裁决，问题是否会迎刃而解？答案是否定的。原因至少有二：其一，法律关系范式深刻影响着案由审理等我国民事诉讼的各领域，① 仲裁协议各要素成为法院审理涉外仲裁案件的集中关注点，以致在思维惯性上忽略涉外仲裁程序和涉外仲裁裁决的类型。以“万某某案”“北京朝某某案”“西某某案”为例，三者案由本不相同：“万某某案”申请确认涉外仲裁协议的效力；“朝某某案”“西某某案”申请承认涉外仲裁裁决，法律关系思维放大了三者的共性——仲裁协议均约定将不具涉外因素的争议提交域外仲裁机构仲裁。没有民事诉讼中法律关系范式的转换，就不会有对“涉外仲裁”的全面理解。其二，在我国，仲裁裁决的法律适用较为复杂，需区分情况适用《仲裁法》《民事诉讼法》、国际公约、区际司法解释等，仅依靠“涉外仲裁裁决”这一模糊概念是无法完成精准指定适用法律的任务的。

由此，“涉外仲裁”范式面临的困境如此致命，无法通过小修小补延续寿命，加之涉外仲裁具有跨法域特征，事关国际交往，范式转换迫在眉睫。在此条件下，以“仲裁裁决籍属”为核心概念构造的候选范式进入视野。“仲裁裁决籍属”范式是指以相关标准确定仲裁裁决归属地并以此为基础构建概念网络和选择工具模型。由于《纽约公约》的影响力，其同时适用的裁决作出地标准和法律适用地标准成为判断仲裁裁决的重要标准，但国籍问题原则上属于每个国家主权的事项，② 我国究竟是在以上两个标准中二选一，还是同时适用，抑或适用其他标准，都必须以转换“涉外仲裁”范式为前提，在权衡国家利益的基础上，提出我国仲裁裁决籍属确定的立场。

---

① 参见袁中华：《法律关系范式之反思——以民事诉讼法为中心》，载《法学研究》2024年第1期，第130页。作者在文中论证了法律关系范式的弊端，本文案例也恰能为这些弊端提供佐证。

② 李浩培：《国籍问题的比较研究》，商务印书馆1979年版，第20页。

（一）“仲裁裁决籍属”范式保留了具体解题能力

相较于“涉外仲裁”，“仲裁裁决籍属”范式的研究对象剔除了仲裁协议、仲裁程序，仅限于仲裁裁决，以“涉外仲裁”概念的视角看似残缺，但仍然保留了“涉外仲裁”范式的解题能力。“涉外仲裁”范式的主要功能在于正确适用法律。而新范式一方面不会影响现有规则体系下仲裁裁决的正确法律适用；另一方面也不会影响仲裁协议、仲裁程序的正确法律适用。根据相关法规，[①] 涉外仲裁协议的效力首先适用当事人明确选择的法律；其次适用仲裁机构所在地法律或仲裁地法律，并在发生法律冲突时优先适用认定仲裁协议有效的法律。仲裁程序通常由仲裁规则和仲裁法规制，我国《仲裁法》第15条、第75条规定了仲裁规则不得违背仲裁地程序法的强行性规范的一般原则；而在仲裁过程中，如需请求法院协助确定仲裁协议的效力、仲裁员回避、采取保全措施等程序性事项，则通常由仲裁地法律及相关双边条约规制。[②]

（二）“仲裁裁决籍属”范式能够解决未解难题

概念选择常常决定人们能看到的东西，“仲裁裁决籍属”范式聚焦仲裁裁决籍属的判定标准这个核心问题，通过问题取舍导向理论研究重点，不仅有助于仲裁裁决的科学分类，而且将立法、司法政策以“裁决籍属”这一法律术语进行表达，有助于提升立法技术。

首先，“仲裁裁决籍属”范式相较于“涉外仲裁”范式具有更清晰的目标导向，通过科学分类仲裁裁决，既可完善仲裁裁决理论体系，又可在实践中正确指引法律选择。目前，我国仲裁裁决的分类标准不一，主要有描述立法分类的国内仲裁裁决、涉外仲裁裁决和外国仲裁裁决体系；[③] 从司法审查角度分类的外国仲裁裁决、国外仲裁机构的裁决、国内仲裁裁决、涉外仲裁裁决体系等；[④] 以仲裁机构所在地标准分类的《纽约公约》裁决、国内仲裁裁决、涉外

① 我国《仲裁法》没有规定涉外仲裁协议的法律适用，相关规定首见《最高人民法院关于适用〈中华人民共和国仲裁法〉若干问题的解释》第16条，又见《中华人民共和国涉外民事关系法律适用法》第18条、《法律适用法解释》第14条，还见法释〔2017〕22号第13条、第14条、第15条、第16条。

② 如《关于内地与香港特别行政区法院就仲裁程序相互协助保全的安排》《关于内地与澳门特别行政区法院就仲裁程序相互协助保全的安排》等。

③ 参见李健：《外国仲裁机构在中国内地仲裁不可行》，载《法学》2008年第12期，第136页；杜涛、朱德沛：《〈仲裁法〉修订背景下境外仲裁机构准入问题研究》，载《商事仲裁与调解》2021年第6期，第9页。

④ 参见陈力：《ICC国际仲裁院在我国作成仲裁裁决的承认与执行——兼论〈纽约公约〉视角下的“非内国裁决”》，载《法商研究》2010年第6期，第85页。

仲裁裁决体系[①]等。略加审视就会发现上述体系要么标准不清，要么同时适用多标准，呈现分类标准不一、类别之间相互交叉的问题。显而易见，如果以仲裁机构所在地为标准，应有国外仲裁机构的裁决和国内仲裁机构的裁决之分，加上临时仲裁裁决就可构成完整的分类体系；如果以承认与执行裁决的法律适用为标准，应有《纽约公约》裁决和非《纽约公约》裁决之分；如果以我国法院能否行使裁决撤销权为标准，应有我国裁决与非我国裁决之分。科学分类仲裁裁决的过程就是理性的法律思维过程，其意义不仅在于解决当下难题——正确适用法律，更在于预判未来难题并提供体系化的解决思路。这些都是“涉外仲裁”范式无力解决的。

其次，“仲裁裁决籍属”范式相较于“涉外仲裁”范式具有更明确的价值导向，通过明确裁决籍属的功能，完善我国仲裁裁决的司法审查体系。例如，“旭普林公司案”和“布莱特伍德案”均由同一域外仲裁机构在我国内地作出裁决，先后被认定为“非内国裁决”和“国内涉外裁决”，前者适用《纽约公约》，后者适用我国《仲裁法》《民事诉讼法》，由于裁决执行标准的“国际化”趋势，两案执行结果并无大的差别，但本质区别在于撤销裁决权的判断上。通常认为，法院有权撤销本国仲裁裁决，无权撤销外国仲裁裁决，此时，裁决的籍属判断决定法院有否撤销权。“旭普林公司案”认为裁决是“非内国裁决”，不是我国裁决，[②] 主动放弃裁决撤销权；“布莱特伍德案”认为裁决是“国内涉外裁决”，肯定了我国法院享有裁决撤销权。由此，我国应以裁决作出地标准还是法律适用地标准抑或兼采两个标准来判断仲裁裁决的籍属，从而明确裁决撤销权的行使法院才是从两案中获得的重要启示，而这正是“涉外仲裁”范式无力解决的实践难点。

最后，“仲裁裁决籍属”范式将不确定的政策以确定的规则表达，具备隐性政策调节器的功能，能够为稳步扩大制度型开放提供安全阀。近些年，我国仲裁实践热议的无涉外因素争议可否提交域外仲裁机构仲裁、国际仲裁机构的市场准入或我国仲裁市场开放的问题，尽管有如域外仲裁机构域内仲裁可能需要的开庭场地租用费收入、相关人员食宿费收入、我国法律适用概率的提升、

---

① 参见李庆明：《境外仲裁机构在中国内地仲裁的法律问题研究》，载《环球法律评论》2016 年第 2 期，第 186 页。

② 参见赵秀文：《非内国裁决的法律性质辨析》，载《法学》2007 年第 10 期，第 23 页；陈力：《ICC 国际仲裁院在我国作成仲裁裁决的承认与执行——兼论〈纽约公约〉视角下的“非内国裁决”》，载《法商研究》2010 年第 6 期，第 87 页。

可能聘用国内律师和仲裁员的资金收益，以及涉外法治人才实战经验积累等比较显而易见的益处，但仍有“保护国内仲裁市场”① “避免我国本土仲裁机构案源的流失”② 这类条件反射式的保护主义论点。然而，稍加思考就会产生对内对外是否同样适用的疑惑——既然不认可当事人将无涉“外”因素争议提交域外仲裁的协议效力，那是否也不认可当事人将无涉“内”因素争议提交域内仲裁的协议效力？如果赞成同样适用，是否与“培育一批国际一流的仲裁机构”的国家战略相冲突？

政策之所以举棋不定，其根本原因在于对“失控”的担忧。“仲裁裁决籍属”范式如果适用得当，不仅可以分忧，还是硬政策软着陆的绝佳缓冲器。以《纽约公约》有关裁决籍属的“法律适用地”标准为鉴，如果意欲调控无涉外因素争议域外仲裁的问题，可依“法律适用地”标准认定此类裁决与外国没有联系而与中国联系密切，是我国裁决，适用我国法律承认与执行裁决，我国法院享有裁决撤销权；相应地，如果意欲助力国内仲裁机构的域外影响力，也可依“法律适用地”标准认定即使仲裁地在我国，如果案件与我国没有联系（如案件主体、客体、内容等均在国外，或与外国存在其他合理联系等），可将裁决视为《纽约公约》中的“非内国裁决”予以承认和执行，但我国法院仍享有裁决撤销权。如此这般着力于解释“仲裁裁决籍属”概念的思路，既有履行国际公约义务的道义支持，又有因应时局政策调整后，通过解释法律规则传导政策的灵活性，这也是“涉外仲裁”范式无力企及的。

四、结语

“涉外仲裁”范式的反思不等于“涉外仲裁”用语的消灭。相反，“涉外仲裁”这个模糊语词将因其强大的指称功能等发挥“仲裁裁决籍属”的部分作用。而且，语言固有的模糊性特征也是“仲裁裁决籍属”概念无法克服的，如在确定“仲裁裁决籍属”的过程中，依然会使用“法律适用地”这种有广阔解释空间的语词。但无论如何，基于“仲裁裁决籍属”范式之于“涉外仲裁”范式的种种比较优势，“仲裁裁决籍属”范式虽不完美，却是我国仲裁制度走向

① 张珍星：《无涉外因素纠纷约定外国仲裁协议无效的司法惯例剖析》，载《国际商务（对外经济贸易大学学报）》2018 年第 4 期，第 124 页。

② 汤霞：《我国涉自贸区仲裁中的“涉外性”认定》，载《国际经贸探索》2017 年第 12 期，第 108 页。

理论化、体系化的必经之路。2025 年 4 月，《中华人民共和国仲裁法（修订草案）（二次审议稿）》面向社会公开征求意见，其中“涉外仲裁的特别规定”章第 81 条引入了“仲裁地”概念，并提出“仲裁裁决视为在仲裁地作出”的仲裁裁决籍属确定标准，可谓明确回应了《纽约公约》中的“裁决作出地”标准。暂且不论“裁决作出地标准”在我国的适宜性，增订该条规定本身即反映了我国立法对多年实践需求的回应，可能将成为“仲裁裁决籍属”范式转换的难得契机。

（责任编委：余婷①）

---

① 中国国际经济贸易仲裁委员会国际案件处职员。

比较研究

国际商事仲裁协议准据法确定路径的中英比较研究：法律演变与案例观察

余 婷*

摘　要：仲裁协议准据法的确定对于国际商事争议解决具有重要意义，这直接决定了仲裁程序能否顺利推进，仲裁裁决能否得到执行。在当事人没有明确选择准据法的情况下，仲裁协议适用法律的选择路径各有差异。英国和中国正在进行的仲裁法修订展现了两大法域在确定仲裁协议准据法方面的新路径，即在当事人未明确选择仲裁协议准据法的情况下，适用仲裁地法。这种路径不仅有利于减少国际或区际司法冲突，而且具有内在的合理性，有利于推动国际商事仲裁协议准据法的统一和规范化。此外，借鉴英国修订仲裁法的有益经验可知，中国仲裁法修订中对于“法院地法”这一兜底条款保留的必要性仍有待重新审视。在修订后的中国《仲裁法》及目前主要国际仲裁机构的《仲裁规则》框架内，仲裁地这一连接点足以完成仲裁协议准据法的确定，将“法院地法”作为仲裁协议准据法确定路径的兜底条款的必要性并不显著。

关键词：国际商事仲裁协议　准据法　仲裁地　《仲裁法》修改

一、引言

仲裁协议准据法的确定对于国际商事争议解决具有重要意义，这直接决定了仲裁程序能否顺利推进，仲裁裁决能否得到执行。① 然而，被称为“午

---

* 余婷，中国国际经济贸易仲裁委员会，案件经办人。

① 刘晓红：《论国际商事仲裁协议的法律适用》，载《法学》2004 年第 4 期，第 96 页。

夜条款”的仲裁协议往往并未经过审慎地起草，鲜有仲裁协议对其适用法律进行明确约定，这就导致仲裁协议准据法需要依据冲突规则来确定。① 面对高频出现的仲裁协议准据法选择缺失的情形，统一的缺省规则却尚未形成，有的适用仲裁地的法律；② 有的适用主合同准据法；③ 还有的则是依据最密切联系原则或使之有效原则进行灵活推演。④ 这给国际商事仲裁带来了很大的不确定性。

在对不同法域的冲突规则进行研究时，笔者注意到中国和英国均正在修订其仲裁法的部分条文，其中对仲裁协议准据法确定路径的修订均是修法的重点。英国作为国际商事仲裁制度高度发达的国家，其 1996 年的《仲裁法》不仅助力伦敦在 2015 年、2018 年及 2021 年三次由英国伦敦玛丽女王大学（Queen Mary University of London）和美国伟凯律师事务所（White & Case）联合发起的关于国际仲裁的三次调查中都被评为最受欢迎的仲裁地，⑤ 同时也为国际商事仲裁的发展提供了法律典范。英国此次于 2021 年正式启动对其《仲裁法》的修订工作，将为国际仲裁界提供新的思路和启发。随着“走出去”和“一带一路”倡议的持续推进，中国经济也正在加速和世界深度融合，中国在全球治理体系变革中的话语权和影响力持续增强。英国和中国属于不同法系，两国对于仲裁协议准据法确定路径的变更代表了国际仲裁未来的发展趋势。本文希望通过分析对比两国《仲裁法》修订前后对于仲裁协议准据法确定路径的变化，找出两国修法的共同方向，并对修订稿确定路径的优势进

---

① Gary B. Born, International Commercical Arbitration, Kluwer Law International, 2th ed., 2014, pp. 491-492.

② 比如《承认及执行外国仲裁裁决公约》（以下简称《纽约公约》）（1958）第 5 条第 1 款规定，以及《联合国国际贸易法委员会国际商事仲裁示范法》第 34 条第 2 款 a 项规定。

③ 比如在 Sulamérica Cia Nacional de Seguros SA v. Enesa Engenharia SA，［2012］EWCA Civ 638 案中，英格兰法院认为当事人在主合同中法律适用的选择也表明了其对仲裁协议准据法的选择；比如在 Bcy v. Bcz, Summons, No 502 of 2016, Singapore High Court, 2016 案中，新加坡法院肯定了主合同准据法默认推定原则。本文引用的国外案例除 Bcy v. Bcz 检索自新加坡司法机构网站（https://www.judiciary.gov.sg/）外，其他案例均检索自英国和爱尔兰法律信息研究所网站（https://www.bailii.org/），特此注明。

④ 比如在 Enka Insaat Ve Sanayi AS v. OOO Insurance Company Chubb［2020］UKSC 38 案中，法院即运用了该两项原则进行推演。

⑤ “2015 Improvements and Innovations in International Arbitration-School of International Arbitration”, https://arbitration.qmul.ac.uk/research/2015/；“2018 International Arbitration Survey: The Evolution of International Arbitration-School of International Arbitration”, https://arbitration.qmul.ac.uk/research/2018/；“2021 International Arbitration Survey: Adapting Arbitration to a Changing World-School of International Arbitration”, https://arbitration.qmul.ac.uk/research/2021-international-arbitration-survey/，最后访问于 2025 年 6 月 8 日。

行分析，以期为未来国际商事仲裁协议准据法冲突规则发展提供参考。

二、英国法下国际商事仲裁协议准据法确定路径的演变

英国仲裁协议准据法的确定路径是不断变化和发展的。英国 1996 年《仲裁法》确定了当事人意思自治原则在仲裁协议准据法选择中的适用,[①] 但并未规定缺省情况下的选法路径。因此，其仲裁协议准据法确定路径的明确指引未见于成文法，而是通过英国各级司法机关的诸多案例逐步确立的。通过一系列司法实践，英国法院形成了“三步走”的确定路径。“三步走”规则起源于 2012 年英国上诉法院审理的“南美洲国家保险公司诉埃内萨工程公司案”（Sulamérica v. Enesa)[②]，在后续的“阿萨诺维亚诉克鲁兹城案”（Arsanovia v. Cruz City)[③] 等案中得到进一步延续，并在“恩卡建筑公司诉丘布保险公司案”(Enka v. Chubb，以下简称恩卡案) [④]中得到最全面的论述。恩卡案因其是英国最高法院审理的第一起涉及仲裁协议准据法的案件而受到极大的关注，其判决也被视为是英国最高司法机关对于“三步走”规则的权威解释和认可。

（一）关于恩卡案及其所阐释的“三步走”规则

1. 关于恩卡案

恩卡（Enka）是一家土耳其工程公司，是俄罗斯电站建设项目的分包商，该项目业主为优尼普罗公司（PJSC Unipro)。2012 年，恩卡与该项目的主承包商伊纳哥普罗伊科特公司（CJSC Energoproekt）签订了一份《施工合同》，其中包含如下仲裁争议解决条款：“如果在将该事项提交适当的上级管理部门的通知发出之日起二十（20）个日历日内或一致商定的更晚日期内该事项仍未解决，则应将争议提交国际仲裁，具体如下：争议应根据《国际商会仲裁规则》最终解决，争议应由该规则指定的三名仲裁员解决，仲裁应使用英语进行，仲裁地

---

① Peter Nygh, Choice of Forum and Law in International Commercial Arbitration, Kluwer Law International, 1997, p. 16.

② Sulame'rica Cia Nacional de Seguros SA v. Enesa Engenharia SA, A3/2012/0249, The Court of Appeal (Civil Division), 2012.

③ Arsanovia Ltd. and others v. Cruz City 1 Mauritius Holdings, LCIA Case No. 111809, England and Wales High Court (Commercial Court), 2012.

④ Enka Insaat Ve Sanayi AS v. OOO Insurance Company Chubb [2020] UKSC 38.

点应为英国伦敦。”[①]

2014年，电站主承包商伊纳哥普罗伊科特公司将其与恩卡公司在分包合同下的权利和义务转让给了电站业主优尼普罗公司。2016年，项目电厂发生火灾并造成了重大损失,[②] 丘布公司（Chubb）作为承保该电站的保险公司向业主优尼普罗公司赔付了约4亿美元，获得了代业主优尼普罗公司行使被保险人的权利。[③] 丘布公司于2019年在俄罗斯法院起诉了恩卡公司，主张火灾是由于恩卡公司不当施工造成的。[④] 恩卡公司认为争议应该由仲裁解决，受《施工合同》中的争议解决条款约束,[⑤] 故在伦敦商事法院申请禁诉令以限制丘布公司在俄罗斯的诉讼程序。[⑥]

伦敦商事法院没有支持恩卡公司的请求，认为应由俄罗斯法院审查丘布公司对恩卡公司的索赔是否属于双方的仲裁协议范围。恩卡公司随后向英国上诉法院提起上诉，英国上诉法院支持了恩卡公司的主张，认为恩卡公司和丘布公司之间因《施工合同》产生的争议应该由仲裁解决。[⑦]

丘布公司随后向英国最高法院提起上诉。2020年6月5日，英国最高法院受理了丘布公司的上诉，并最终以3∶2的多数意见作出判决，维持了英国上诉法院作出的禁诉令。

本案的核心争议焦点是，在当事人未对仲裁协议适用法律作出明确约定的情况下，应当以何种路径确定仲裁条款准据法。这个问题在很长一段时间内都存在争议。英国最高法院借此机会阐明了其认定规则。

英国最高法院首先对主合同适用的法律进行了判断。在主合同准据法的确定过程中，英国最高法院首先根据《罗马条例（一）》（Rome I Regulation）进行认定，在当事人没有明确选择主合同适用法律时，根据最密切联系原则确定

---

① 原文为“If the matter is not resolved within twenty (20) calendar days after the date of the notice referring the matter to appropriate higher management or such later date as may be unanimously agreed upon, the Dispute shall be referred to international arbitration as follows: the Dispute shall be finally settled under the Rules of Arbitration of the International Chamber of Commerce, the Dispute shall be settled by three arbitrators appointed by these Rules, the arbitration shall be conducted in the English language, and the place of arbitration shall be London, England.”

② Enka Insaat Ve Sanayi AS v. OOO Insurance Company Chubb [2020] UKSC 38 [7].

③ Enka Insaat Ve Sanayi AS v. OOO Insurance Company Chubb [2020] UKSC 38 [12].

④ Enka Insaat Ve Sanayi AS v. OOO Insurance Company Chubb [2020] UKSC 38 [13].

⑤ Enka Insaat Ve Sanayi AS v. OOO Insurance Company Chubb [2020] UKSC 38 [14].

⑥ Enka Insaat Ve Sanayi AS v. OOO Insurance Company Chubb [2020] UKSC 38 [16] - [18].

⑦ Enka Insaat Ve Sanayi AS v. OOO Insurance Company Chubb [2020] UKSC 38 [19].

所适用的法律。[①] 案涉《施工合同》未明确约定适用法律，因项目所在地是俄罗斯，合同条款中多处提及与俄罗斯有关的内容，英国最高法院据此认定与本案《施工合同》最具密切联系的法律是俄罗斯法，故《施工合同》应适用的法律是俄罗斯法。[②]

接着，英国最高法院分析了《施工合同》中仲裁条款的适用法律。由于《罗马条例（一）》第1条明确规定该条例不适用于仲裁协议，因此英国最高法院需要借用普通法冲突规则来确定准据法。[③] 普通法的冲突规则包含两个层次：第一个层次是适用当事人明示同意或默示约定的法律。如果当事人没有明示或默示选择法律，那么将进入第二个层次，即适用与合同关系最密切的法律。[④] 英国最高法院认为，在第一层次中，如果仲裁条款明确约定了法律，则适用其约定的法律。这是对当事人意思自治原则的尊重。如果没有明示约定，则进入默示推定的过程，即如果主合同有明确约定适用的法律，则一般情况下，该法律将被视为仲裁协议准据法的默示约定，适用于仲裁条款。[⑤] 但有两个例外，一是该法律的适用会导致仲裁协议无效。[⑥] 二是该法律规定仲裁地法律将适用于仲裁协议。[⑦] 在这个层次的讨论中，英国最高法院为了避免引起对于仲裁条款独立性的误解，还特意进行了说明。其特别指出，英国仍然坚持仲裁条款独立性是仲裁制度的基本原则之一，即仲裁协议应被视为独立的合同，主合同的无效不影响仲裁协议的效力。但仲裁条款独立性并不排除仲裁条款和主合同适用相同法律的可能性。故，仲裁协议准据法和主合同准据法可以不同，也可以相同。[⑧] 如果仲裁协议和主合同均没有明确约定适用法律，那么则需要进入第二层次进行讨论，即最密切联系原则。英国最高法院多数意见认为，仲裁程序法和仲裁协议准据法密不可分，合同选择了英国作为仲裁地，则可以推断出英国法应该是与仲裁协议最具有密切联系的法律，故应该确定为仲裁协议准据法。[⑨]

---

① Enka Insaat Ve Sanayi AS v. OOO Insurance Company Chubb [2020] UKSC 38 [27].

② Enka Insaat Ve Sanayi AS v. OOO Insurance Company Chubb [2020] UKSC 38 [25].

③ Enka Insaat Ve Sanayi AS v. OOO Insurance Company Chubb [2020] UKSC 38 [25].

④ Lord Collins and Harris, Diy, Mois and Collins on the Conflict ofLans (Sweet & Maxwell, 15th ed, 2018) rule 64 (1).

⑤ Enka Insaat Ve Sanayi AS v. OOO Insurance Company Chubb [2020] UKSC 38 [43] - [45].

⑥ Enka Insaat Ve Sanayi AS v. OOO Insurance Company Chubb [2020] UKSC 38 [95].

⑦ Enka Insaat Ve Sanayi AS v. OOO Insurance Company Chubb [2020] UKSC 38 [170].

⑧ Enka Insaat Ve Sanayi AS v. OOO Insurance Company Chubb [2020] UKSC 38 [60] - [64].

⑨ Enka Insaat Ve Sanayi AS v. OOO Insurance Company Chubb [2020] UKSC 38 [171].

2. 关于“三步走”规则

英国最高法院通过恩卡案，全面阐述了“三步走”的分析路径，可以概括为：第一步，判断仲裁协议是否明确约定了适用法律？若无，则进入第二步，判断是否存在默示的法律选择？即，主合同是否选择了准据法？如是，则主合同选择的准据法推定为当事人对于仲裁协议准据法的默示选择，除非该法律将导致仲裁协议无效或该法律规定仲裁地法将适用于仲裁协议。若主合同准据法也未作约定，则进入第三步，即何种法律是与仲裁协议具有最密切联系的法律？根据英国司法实践的观点，仲裁地法被视为与仲裁协议最具有密切联系的法律。①

由上可见，“三步走”规则是多层次的逻辑推演，将主合同准据法、仲裁地法、最密切联系原则等多种因素进行综合考虑，为日益复杂的国际商事交易提供了较为灵活的仲裁协议准据法认定路径。

（二）英国仲裁法修订中对于仲裁协议准据法认定的新规则

为了加强英国作为国际金融中心及争议解决中心的地位，更广泛地推广英国法，英国法律委员会在 2021 年 3 月启动了对英国《1996 年仲裁法》的修订工作。其先后于 2022 年 9 月和 2023 年 3 月发布两份咨询意见书。英国法律委员会在最开始并没有考虑对仲裁协议准据法进行任何的修订，因为他们并不认为恩卡案所确立的“三步走”规则有错误或者造成了困难。但在第一轮咨询后，英国法律委员会收到了 31 份意见，建议对“三步走”规则进行修订。② 经重新评估相关意见后，英国法律委员会发现恩卡案确立的“三步走”规则操作起来较为复杂，且导致大量的案件适用外国法，这不利于推广英国法适用。故，英国法律委员会在第二轮咨询意见书中新增了一个咨询事项，提议根据新的思路来确立仲裁协议的准据法，即“仲裁地的法律将作为仲裁协议的准据法，除非双方明确约定了仲裁协议的准据法”。③ 在第二轮意见征询期间结束后，英国法律委员会共计收到了 52 封回复，其中有 36 封赞同上述修订提议。2023 年 9 月 6 日，英国法律委员会完成了对《1996 年仲裁法》的审查，并发布了《〈1996 年仲裁法〉审查：最终报告》，建议在《1996 年仲裁法》修订稿中加入以下条款：

---

① Enka Insaat Ve Sanayi AS v. OOO Insurance Company Chubb [2020] UKSC 38 [104], [171].

② “Review of the Arbitration Act 1996: Final Report and Bill” [136].

③ “Review of the Arbitration Act 1996: Final Report and Bill” [148].

“6A 适用于仲裁协议的法律

“（1）仲裁协议适用的法律是

“（a）当事各方明确同意适用于仲裁协议的法律，或

“（b）如没有订立上述协议，则为有关仲裁所在地的法律。

“（2）就第（1）款而言，各方当事人约定主合同的适用法律并不能构成该法律也适用于仲裁协议的明示约定。

“（3）本条不适用于在《2023 年仲裁法草案》第 1 条生效之日前签订的仲裁协议。”①

英国《1996 年仲裁法》修订稿中确立的仲裁协议准据法认定路径是：如果仲裁协议明确约定了适用法律，则该法律为仲裁协议准据法；如果没有上述明确约定，则仲裁地法为仲裁协议的适用法律。该规定同时将主合同实体法排除于考虑因素之外。这一规则与从恩卡案中英国最高法院确立的仲裁协议准据法确定“三步走”规则大不相同。

三、中国法下国际商事仲裁协议准据法的认定路径演变

（一）中国《仲裁法》修订前的有关规定

中国目前施行的《仲裁法》未对国际商事仲裁协议准据法确定规则作出规定。在三十年的司法实践中，中国司法机关对此问题的态度也在不断地发生变化。2006 年，最高人民法院颁布了《关于适用〈中华人民共和国仲裁法〉若干问题的解释》，首次对仲裁协议准据法作出规定。② 该司法解释提供的仲裁协议

① 原文为“6A Law applicable to arbitration agreement

“（1）The law applicable to an arbitration agreement is—

“（a）the law that the parties expressly agree applies to the arbitration agreement, or

“（b）where no such agreement is made, the law of the seat of the arbitration in question.

“（2）For subsection（1）, an agreement between the parties that a particular law applies to an agreement of which the arbitration agreement forms a part does not, of itself, constitute an express agreement that that law also applies to the arbitration agreement.

“（3）This section does not apply to an arbitration agreement that was entered into before the day on which section 1 of the Arbitration Act 2023 comes into force.”

② 其中第 16 条规定：“对涉外仲裁协议的效力审查，适用当事人约定的法律；当事人没有约定适用的法律但约定了仲裁地的，适用仲裁地法律；没有约定适用的法律也没有约定仲裁地或者仲裁地约定不明的，适用法院地法律。”

准据法的确定路径为“当事人约定—仲裁地法—法院地法”。[①] 仲裁地这一连接点的引入，是与国际仲裁接轨的重要尝试。但遗憾的是，该连接点并非中国《仲裁法》框架内的概念，这就导致司法实践中难以形成统一认识。2011 年，《中华人民共和国涉外民事关系法律适用法》颁布实施，第 18 条规定：“当事人可以协议选择仲裁协议适用的法律。当事人没有选择的，适用仲裁机构所在地法律或者仲裁地法律。”据此，仲裁协议准据法的确定路径改为“当事人约定—仲裁机构所在地法律或仲裁地法律”。[②] 此次引入了仲裁机构所在地这一极具中国特色的连接点，并且删除了法院地法这一兜底条款。时隔一年，2012 年年底，最高人民法院颁布了《关于适用〈中华人民共和国涉外民事关系法律适用法〉若干问题的解释（一）》，重新加入了法院地这一连接点，将其作为兜底条款。[③] 此时的认定路径为“当事人约定—仲裁机构所在地法律、仲裁地法律—法院地法”。2017 年，《最高人民法院关于审理仲裁司法审查案件若干问题的规定》第 13 条规定：“当事人协议选择确认涉外仲裁协议效力适用的法律，应当作出明确的意思表示，仅约定合同适用的法律，不能作为确认合同中仲裁条款效力适用的法律。”该规定表明中国并不承认默示推定这一法律选择的过程，直接排除了主合同准据法推定适用于仲裁协议准据法的可能性。

从上述路径演变可以看出，无论是法律层面的规定，还是最高人民法院的司法解释，都并非完全统一、互相融合的。其中既有对国际商事仲裁概念的引入，也有中国特色仲裁理念的保留。

（二）中国仲裁法修订中对于仲裁协议准据法认定的新规则

为了解决现行《仲裁法》规定与当前仲裁实践不相适应的问题，完善具有中国特色、与国际接轨的仲裁法律制度，中国于 2021 年正式启动《仲裁法》的修订工作。2021 年 7 月，司法部公布了《仲裁法（修订）》（征求意见稿）。在此征求意见稿中，对仲裁协议准据法确定路径提出修改建议，即“涉外仲裁协议的效

---

① 陈迈、徐伟功：《论我国仲裁协议法律适用制度的完善》，载《商事仲裁与调解》2023 年第 2 期，第 40 页。

② 陈迈、徐伟功：《论我国仲裁协议法律适用制度的完善》，载《商事仲裁与调解》2023 年第 2 期，第 40 页。

③ 《最高人民法院关于适用〈中华人民共和国涉外民事关系法律适用法〉若干问题的解释（一）》第 14 条（2020 年修正后，该条序号调整为第 12 条，内容不变）第 12 条规定：“当事人没有选择涉外仲裁协议适用的法律，也没有约定仲裁机构或者仲裁地，或者约定不明的，人民法院可以适用中华人民共和国法律认定该仲裁协议的效力。”

力认定，适用当事人约定的法律；当事人没有约定涉外仲裁协议适用法律的，适用仲裁地法律；对适用法律和仲裁地没有约定或者约定不明确的，人民法院可以适用中华人民共和国法律认定该仲裁协议的效力”，重新将国际商事仲裁协议准据法认定路径确定为“当事人选择的法律—仲裁地法律—中国法”。[①] 该路径删除了“仲裁机构所在地”这一未得到广泛使用的连接点，并赋予仲裁地这一国际商事仲裁重要概念核心地位，辅之以法院地作为兜底连接点。

四、英国和中国仲裁协议准据法认定路径的共同趋势及其评述

对比两国仲裁法修订前的仲裁协议准据法认定路径，可见明显差异。英国在仲裁法修订草案之前，坚持的是以恩卡案为典型的“三步走”规则，其中认为主合同的法律选择可以推定为仲裁协议准据法的默示选择。而中国的态度则截然相反。中国司法实践认为仲裁协议独立性排除了主合同准据法默示推定为仲裁协议准据法的可能性，[②] 但通过对比两国对于各自《仲裁法》的修订提案，我们发现两国提出的仲裁协议准据法的确定路径正在逐步趋向一致，出现了关键重合，即“当事人选择—仲裁地法律”。该重合代表着分属于不同法系的两个主要司法辖区在国际商事仲裁协议准据法冲突规则上的趋同。两国在继续坚持当事人意思自治原则优先的前提下，赋予仲裁地这一连接点核心的权重。这不仅具有积极的整合仲裁协议准据法确定路径的示范意义，其本身在法理价值体系中也具有独特的优势。

这一路径的显著优势在于能够有效减少与其他法域发生冲突。两国仲裁法修订前，在英国法下，以恩卡案为代表的“三步走”规则将主合同选择的准据法推定为仲裁协议准据法的默示选择；在中国法下，在当事人没有明确选择仲裁协议准据法的情形下，中国法院将仲裁机构所在地法作为其中一个连接点。根据有关仲裁协议适用法律认定路径的调查，在 80 个被调查的司法管辖区中，34%适用主合同准据法，51%适用仲裁地法。[③] 由此可见，英国和中国这两种认

---

① 《中华人民共和国仲裁法（修订）（征求意见稿）》，载司法部公开征求意见系统，https://zqyj.chinalaw.gov.cn/readmore?listType=1&id=4518，最后访问于 2025 年 6 月 10 日。

② 马一飞：《涉外商事合同准据法对仲裁条款的适用——以仲裁条款独立性为视角》，载《商事仲裁与调解》2021 年第 1 期，第 141 页。

③ “The Proper Law of the Arbitration Agreement: A Comparative Law Perspective: A Report from the CIArb London's Branch Keynote Speech 2021”(Kluwer Arbitration Blog), https://arbitrationblog.kluwerarbitration.com/2021/05/21/the-proper-law-of-the-arbitration-agreement-a-comparative-law-perspective-a-report-from-the-ciarb-londons-branch-keynote-speech-2021/ accessed May 20, 2024，最后访问于 2025 年 6 月 8 日。

定路径均不是世界主流的认定路径，这将导致两国司法机关作出的仲裁协议效力的认定可能与其他法域认定相冲突。① 事实上，紧跟恩卡案的“卡巴布吉萨尔公司诉科特食品集团案”② 就是一个鲜活的例子。在该案中，英国法院和法国法院在各自司法管辖区进行的诉讼程序中对同一仲裁协议的适用法律作出了不同的裁定。英国法院根据恩卡案中确定的默示选择，裁定适用于主合同的法律同样适用于仲裁协议。但在执行程序中，法国法院认为，如果没有关于仲裁协议准据法的明确约定，则应以仲裁地法律为准据法。③ 这样的结果显然会让案件当事人陷入两难的境地，不利于争议的化解。为何会出现这样的局面呢？其中一个重要的原因是，恩卡案确立的缺省规则实际上将主合同准据法放置于优先顺位，但该缺省规则并没有被其他法域广泛采纳。与主合同这一连接点相比较，极具机构仲裁特色的“仲裁机构所在地”这一连接点对于国际仲裁界更显陌生，其可能引发平行程序或卫星诉讼程序中更高概率的法律认定冲突。这样的冲突不仅会提高争议解决的成本，也加剧了仲裁裁决的不确定性，有损仲裁高效解决纠纷的根本优势。中英两国新规则将仲裁地这一连接点前置，符合主要司法辖区的认定路径，有利于减少国际司法冲突。

同时，该路径也符合《纽约公约》在裁决的承认和执行阶段判断仲裁协议效力的认定规则。《纽约公约》（1958）第 5 条第 1 款规定：“裁决唯有于受裁决援用之一造向声请承认及执行地之主管机关提具证据证明有下列情形之一时，始得依该造之请求，拒予承认及执行：（甲）第二条所称协定之当事人依对其适用之法律有某种无行为能力情形者，或该项协定依当事人作为协定准据之法律系属无效，或未指明以何法律为准时，依裁决地所在国法律系属无效者……”尽管该条针对的是裁决的承认和执行阶段的审查，但有学者认为该条同样适用于裁决前阶段。④ 中英两国仲裁协议准据法的认定新规则向《纽约公约》靠拢，能够最大程度地避免上述冲突和卫星诉讼的产生，增强了仲裁结果的确定性和可预见性。

---

① Ned Beale, “Governing Law of Arbitration Clause: The Clarification Continues” (Arbitration Blog, October 29, 2021) http://arbitrationblog.practicallaw.com/governing-law-of-the-arbitration-clause-the-clarification-continues/，最后访问于 2025 年 6 月 8 日。

② Kabab-ji v. Kout Food Group [2021] UKSC 48.

③ Cour de cassation Pourvoi n°20-20.260, 28 septembre 2022.

④ Gary Born, International Commercial Arbitration (3rd edn, Kluwer Law International 2021) 529; Albert Jan van den Berg, The New York Arbitration Convention of 1958 (Kluwer Law and Taxation Publishers 1981) 126, 127.

此外，仲裁地这一连接点在国际商事仲裁中本身就具有极为重要的法律价值。[1] 首先，仲裁地作为连接点，是仲裁程序能够顺利进行的前提。仲裁地法可以规定仲裁程序的基本法律框架，包括仲裁庭的组成、程序、证据等，确保仲裁程序的合法性和公正性。[2] 如果没有仲裁地法的约束，各方可能会在程序上存在分歧，导致仲裁程序无法进行。其次，仲裁地法还关系到仲裁裁决的法律效力和可执行性。仲裁裁决需要得到国际认可，才能在各国范围内执行。而仲裁地法作为准据法，将仲裁裁决的效力和可执行性与仲裁地的法律体系紧密联系在一起。[3] 这样可以降低仲裁裁决被拒绝执行的风险，提高仲裁制度的信任度和权威性。最后，由于国际商事活动具有跨国性和跨地区性，各国法律制度之间存在差异，仲裁地法可以充分体现各方利益和法律文化的平衡。同时，仲裁地法也可以反映出国际商事仲裁的灵活性和高效性，符合国际商事活动的需求。故，赋予仲裁地法在仲裁协议准据法认定路径中的核心地位具有法理合理性。

五、对中国《仲裁法（修订）》（征求意见稿）中法院地连接点的再思考

尽管中国和英国两大司法辖区正在逐步趋向于统一的仲裁协议准据法冲突规则，但不可忽略的一点在于，中国仲裁法仍然保留了法院地法这一兜底条款。对比英国“当事人选择—仲裁地法”的仲裁协议准据法修法路径，有必要再次检视中国修法框架下“法院地”兜底条款存在的必要性。

法院地之所以会被中国的立法者纳入连接点，主要原因是立法者是为了避免适用其他连接点导致“无法可用”的情况出现。[4] 那么，这个理由是否足以支撑法院地法继续存在于将来的中国仲裁法框架之中呢？结合英国仲裁法的修订情况，答案是否定的。英国在其《仲裁法》的修订之初，也曾考虑将“最密切联系原则”作为仲裁协议准据法确定路径的兜底条款。但经过仔细检视，英国法律委员会认为这一兜底条款毫无必要，因为根据英国《仲裁法》的规定及国际知名仲裁机构的《仲裁规则》，仲裁地这一连接点能够顺利得以确定，不

---

① Gary Born, International Commercial Arbitration (3rd edn, Kluwer Law International 2021) 529.
② 刘晓红：《国际商事仲裁协议的法理与实证》，商务印书馆 2005 年版，第 276-280 页。
③ William Day, “Applicable Law and Arbitration Agreements”, (2021) 80 Cambridge LJ 238.
④ 陈迈、徐伟功：《论我国仲裁协议法律适用制度的完善》，载《商事仲裁与调解》2023 年第 2 期。

会出现无法确定仲裁地的情况。[①] 这样的检视结果同样适用于中国的《仲裁法》修订。

当事人选择以及仲裁地两个连接点足以确定仲裁协议准据法，并不会出现无法可依的情况。在当事人未能明确约定仲裁协议准据法且没有约定仲裁地的情况下，根据现有法律框架足以确定仲裁地并根据仲裁地这一连接点适用相应的仲裁协议准据法。《中华人民共和国仲裁法（修订草案）（二次审议稿）》第81条规定："当事人可以书面约定仲裁地，除当事人对仲裁程序的适用法另有约定外，以仲裁地作为仲裁程序的适用法及司法管辖法院的确定依据。仲裁裁决视为在仲裁地作出。当事人对仲裁地没有约定或者约定不明确的，根据当事人约定的仲裁规则确定仲裁地；仲裁规则没有规定的，由仲裁庭根据案件情况，按照便利争议解决的原则确定仲裁地。"由上述可见，通过修订后的中国《仲裁法》，仲裁地这一连接点并不会落空。[②]

除了法律规定之外，英国法律委员会还指出，越来越多的仲裁规则对仲裁地作出详细的指引。比如，中国国际经济贸易仲裁委员会2024版《仲裁规则》第7条规定："（一）当事人对仲裁地有约定的，从其约定。（二）当事人对仲裁地未作约定或约定不明的，以管理案件的仲裁委员会或其分会/仲裁中心所在地为仲裁地；仲裁委员会也可视案件的具体情形确定其他地点为仲裁地。"国际商会国际仲裁院在其2021年施行的《仲裁规则》第18条规定，"仲裁地，除非当事人达成合意，仲裁地为ICC仲裁院确定"。英国伦敦国际仲裁院在其2020版《仲裁规则》第16条规定，"在仲裁庭组庭前的任何时间当事人均可自行书面约定仲裁地，仲裁庭组庭后当事人约定仲裁地的须经仲裁庭同意。当事人未就仲裁地作出约定的，仲裁地视作伦敦，除非仲裁庭允许当事人达成书面合意选择更合适的仲裁地"。

由上可见，无论是在修订后的中国《仲裁法》框架内，还是依据国际主要仲裁机构的《仲裁规则》，仲裁地的确定都有法可依，有据可循，仲裁地这一连接点就足够完成缺省规则的使命。另外，从法院地这一连接点的内在联系程

---

① Review of the Arbitration Act 1996: Final Report and Bill [145].

② 本文定稿时，研究的版本为《中华人民共和国仲裁法（修订）（征求意见稿）》第27条规定"当事人可以在仲裁协议中约定仲裁地。当事人对仲裁地没有约定或者约定不明确的，以管理案件的仲裁机构所在地为仲裁地。仲裁裁决视为在仲裁地作出"和第91条规定"当事人没有约定仲裁地或者约定不明确的，由仲裁庭根据案件情况确定仲裁地"。尽管目前第二次审议稿表述有所变化，但不影响仲裁地的确定。特此注明。

度来说，法院地法和仲裁协议的联系程度是十分疏远的。适用法院地法确定仲裁协议也没有充分的合理性。

综上，通过对英国仲裁法修订经验的借鉴，中国将“法院地法”作为仲裁协议准据法确定路径的兜底条款的必要性并不显著，是否有必要对其进行保留还须进一步商榷和论证。

六、结论

在当事人没有明确选择国际商事仲裁协议准据法的情况下，仲裁协议适用法律有不同的选择路径，有的直接适用主合同准据法，有的通过复杂的推演逻辑，依据最密切联系原则加以确定。英国作为仲裁制度最为发达的国家，其在仲裁法修订的过程中，将仲裁协议准据法的确定路径由原来的复杂的“三步走”规则转向仲裁地规则。与此同时，中国仲裁法的修订在准据法选择的路径上也具有较高的重合度，引入了仲裁地这一与国际接轨的概念作为连接点并赋予其核心地位。中英两国最新的修法过程呈现了一个趋近于统一的仲裁协议准据法认定路径，即在当事人没有明确选择仲裁协议准据法的情况下，直接适用仲裁地法作为仲裁协议的准据法。这样的认定路径不仅有利于减少区际司法冲突，还具有内在的合理性。中英两国对于国际商事仲裁准据法的选择路径为世界各国仲裁框架的发展提供了诸多有益的启发。通过借鉴英国的相关经验，本文再次检视了中国仲裁法修订中对于“法院地法”这一兜底条款保留的必要性。本文认为，在修订后的仲裁法框架及目前主要国际仲裁机构的仲裁规则框架内，仲裁地这一连接点足以在国际商事仲裁协议准据法的认定中发挥有效作用。法院地这一连接点适用的法理合理性较为薄弱，其是否有必要保留值得进一步商榷。

（责任编委：田雨酥①）

① 中国国际经济贸易仲裁委员会国内案件处职员。

比较法视域下仲裁协议前置条款的效力及效果

陈玺岚*

摘 要：近年来，前置条款不再被一概认为是“同意去同意”（agree to agree）的无效条款。满足特定条件时，前置条款可以具备强制性。前置条款具备强制性的条件包括明确、具体、客观、可操作的履行标准，具有强制意味的措辞和当事人的良好善意等。中国裁判者认定前置条款强制性时较为谨慎。这既源于仲裁与调解相结合、保障当事人诉诸正义的权利之精神，也与替代性争议解决机制在中国的发展现状及对当事人意思的解读相关。这要求中国当事人在订立前置条款时对中外差异有所知觉，要求仲裁参与者在中国特色实践的前提改变时随之改变。关于前置条款的强制性如何作用于仲裁庭管辖权的问题，域外发展出了可受理性说和程序性条件说；这两种学说都意在确立法院对仲裁庭关于前置条款的决定只能做有限的形式审查。形式审查论与中国实践相适配，可予继续贯彻。由此可得的实务建议是：司法机关应确立形式审查规则，仲裁机构应优化仲裁规则，当事人应审慎起草前置条款。

关键词：前置条款　强制性　仲裁庭管辖权　形式审查

一、问题的提出

多层次争议解决条款①经常被当事人约定在合同中。所谓多层次，包括协商、

---

* 清华大学法学院博士研究生，主要研究方向为国际商事仲裁法。

① 也称升级条款，multi-tiered dispute resolution clause，escalation clause，multi-step dispute resolution clause，multi-layered dispute resolution clause，ADR-first clause，integrated clause 等。

调解、专家决定、仲裁或诉讼①等，且该等条款通常呈阶梯式、渐进式——比如先协商，后调解，最后仲裁。本文以“前置条款”指代仲裁协议的协商、调解等条款，以“前置程序”指代前置条款中的协商、调解等程序。

前置条款具备强制效力吗？如果前置条款可以具备强制性，那么在何种条件下，前置条款具备强制性？从公开的数据（主要是司法判例）看来，中国裁判者认定前置条款强制性时较为谨慎。② 如果当事人所约定的前置条款并无实质差别，为何适用中存在差异？再则，前置条款的法律效果是什么？当被认定为具备强制性的前置条款未被遵守时，仲裁协议的有效性及仲裁庭的管辖权将如何受到影响？

相较于一国法院主导之诉讼，仲裁更具有跨国性的特征，仲裁领域的国际经验具备较高的参考价值。本文采用比较法的方法，以域外和国内的规则、实践和理论学说为基础，系统地分析前置条款强制性的认定（前置条款的效力问题）和前置条款强制性如何作用于仲裁庭管辖权（前置条款的效果问题）；第三部分开展前置条款强制性认定的中国情境分析，检验特殊性并发现启示；第四部分对域外关于形式审查的经验进行辩证性思考，并提出本土化的实务建议。

二、比较法下的前置条款

（一）前置条款是否具备强制性

1. 质疑：前置条款是否不具备强制性

前置条款是经由当事人约定而成的合同，其应具备法律效力、为当事人创设权利和义务，本无争议。然而，有鉴于前置程序之特殊性，此问题颇受争议。

---

① 本文主要讨论多层次争议解决条款的最后一层约定为仲裁的情形。

② 截至目前，有学者认为，在中国，前置条款被认定为具备强制性的案例只有近二十年前的百某系列案（案涉法院以前置条款未得满足、仲裁程序与当事人约定不符为由裁定不予承认和执行仲裁裁决）。参见钱瑾：《多层次争议解决条款可执行性研究》，载《北京仲裁》（2016 年第 4 辑），中国法制出版社 2017 年版，第 13 页；宋春龙：《仲裁协议中的“程序前置”条款效力研究——以我国司法实践为切入点》，载《北京仲裁》（2018 年第 3 辑），中国法制出版社 2018 年版，第 157-159 页；朱青沙：《多层次争议解决条款在我国商事仲裁中的理解与适用》，载《上海法学研究》2022 年第 2 卷，第 200-201 页。但该案例颇受争议、背景特殊，且最高人民法院于 2021 年发布的《全国法院涉外商事海事审判工作座谈会会议纪要》已对该案中的核心问题加以释明。另参见《全国法院涉外商事海事审判工作座谈会会议纪要》第 107 条：“【未履行协商前置程序不违反约定程序】人民法院适用《纽约公约》审理申请承认和执行外国仲裁裁决案件时，当事人在仲裁协议中约定‘先协商解决，协商不成再提请仲裁’的，一方当事人未经协商即申请仲裁，另一方当事人以对方违反协商前置程序的行为构成《纽约公约》第五条第一款丁项规定的仲裁程序与各方之间的协议不符为由主张不予承认和执行仲裁裁决的，人民法院不予支持。”

认为前置条款无法具备强制性的论点包括以下四个方面。

第一，前置程序的天然特征是高度依赖当事人之间的合作；若无此合作，强行实现前置条款很可能只是无意义地虚耗时间。在讨论强制执行前置条款时，有法国学者打比方，“牵马至水易，使马饮水难”（you can bring a horse to water, but you cannot make it drink）。[①] 如果在前置条款被执行时当事人之间已不存在合作意愿，那么即使当事人在订立前置条款时有过合作的意向，那似乎也无济于事。英国法院在此论题上的奠基性案例是考特尼（Courtney）案。[②] 依循考特尼案，英国法院认为，前置条款就像是内容为约定再约定的合同（a contract to enter into a contract），是法律不予认可的一种约定（not a contract known to the law），亦即英美法判例中常言的无约束力、不可执行的“同意去同意”的约定（an agreement to agree）。[③]

第二，诸如“双方应首先友好协商”“双方应先行调解”之类的前置条款被认为缺乏确定性（definiteness）和明确性（clarity），缺乏确定权利义务的标准（ascertainable standards），因此不具有强制性。[④] 一个类比是，如果一个买卖合同欠缺标的、数量、质量、价格等核心条款，该合同通常不会被认为已有效成立。这种观点在多个案例中被采用，包括达纳尼（Dhanani）案[⑤]、沙克尔（Shaker）案[⑥]、苏拉梅里卡（Sul America）案[⑦]、唐某案[⑧]等，并促使法院得出

---

① See Milivoje Mitrovic, Dealing with the Consequences of Non-Compliance with Mandatory Pre-Arbitral Requirements in Multi-Tiered Dispute Resolution Clauses: The Swiss Approach and a Look Across the Border, 37 ASA Bulletin 559, 571 (2019).

② See Courtney & Fairbairn Ltd. v. Tolaini Bros (Hotels) Ltd [1975] 1 WLR 297. 案例检索自 Lexis Advance 数据库，https://www.lexisnexis.com/en-us/advance-your-research/default.page，最后访问于2025年7月30日。如无特别说明，本文的国外案例均检索自该数据库。尽管考特尼案处理的是实体意义的合同中，但该案关于“同意去同意”（agreement to agree）的论理在法院后续处理仲裁协议前置条款时被频繁引用，如 Itex Shipping Pte Ltd. v. China Ocean Shipping (1989) 4 WLUK 218; Paul Smith Ltd v H&S International Holding Co Inc (1991) 2 WLUK 211 等。See Aditya Mehta and Swagata Ghosh, Good Faith or Bad Faith –Analysing the Enforceability of Pre-Arbitral Negotiation Clauses, 2 NLS Business Law Review 1, 11 (2021).

③ See Courtney & Fairbairn Ltd. v. Tolaini Bros (Hotels) Ltd [1975] 1 WLR 297.

④ See Amanda Lees, The Enforceability of Negotiation and Mediation Clauses in Hong Kong and Singapore, Asian Dispute Review 16 (2015); Oliver Krauss, The Enforceability of Escalation Clauses Providing for Negotiations in Good Fatih under English Law, 2 McGill Journal of Dispute Resolution 142 (2015–2016).

⑤ Dhanani v. Crasnianski [2011] EWHC 926 (Comm).

⑥ Shaker v. Vistajet [2012] EWHC 1329 (Comm).

⑦ Sul America v. Enesa Engenharis [2012] 1 Lloyd's Reports 671. 案例检索自 Jus Mundi 数据库，https://jusmundi.com/en，最后访问于2025年7月30日。

⑧ Tang v. Grant Thornton International Ltd [2012] EWHC 3198 (Ch).

了前置条款不具备强制性的结论。

第三，许多调解机构在启动调解程序时，事实上并没有以前置条款（属于在提起调解之前的一种合意）为基础，而是以当事人在提起调解之时是否存在合意为依据。亦即，即使当事人事先订立了前置条款，如果在提起调解时任何一方当事人不希望参与调解程序，则调解程序不得启动。这意味着仅凭前置条款无法强制实现前置程序。依据《中国国际经济贸易仲裁委员会调解中心调解规则》（以下简称《贸仲调解规则》），虽然调解程序可以由一方当事人单方面启动，① 但这需要对方当事人确认参与；如果对方当事人明确表示不同意参与，调解程序即告终止（即使双方当事人事先订立有前置条款）。② 这与《联合国国际贸易法委员会国际商事调解和调解所产生的国际和解协议示范法》（2018 年版）（以下简称《联合国贸法会调解示范法》）的规则一致。③ 另依据《北京仲裁委员会调解中心调解规则》（2011 年版）（以下简称《北仲调解规则》），虽然一方当事人可以凭借事前的调解协议单方面启动调解；④ 但是，另一方当事人的单方面不配合仍能轻易地使得调解程序终结。⑤ 众多调解机构的调解规则都规定了任何一方当事人均可单方面地、随时地退出调解，终止调解程序。⑥ 当任何一方均有权在任何时间出于任何理由终结协商、调解等前置程序时，前置条款显得不具有法律内涵。⑦

第四，“不强制执行前置条款”这一主张虽看似违反合同法的基本原理，但在国际和国内都受到了支持。就前置条款的效力问题，《联合国贸法会调解示范法》没有设定规则。在《联合国贸法会调解示范法》评注中，联合国贸法会强调，在起草《联合国贸法会调解示范法》的过程中，前置条款的问题确有被考虑；《联合国贸法会调解示范法》刻意地没有涉及如何处理前置条款的相关问题，比如前置条款是否具备强制性、会引起怎样的法律效果等，而是认为这

---

① 《贸仲调解规则》第 6 条。

② 《贸仲调解规则》第 9 条。

③ 《联合国贸法会调解示范法》第 5.1 条，第 5.2 条。

④ 《北仲调解规则》（2011 年版）第 5 条、第 9 条、第 11 条。

⑤ 《北仲调解规则》（2011 年版）第 13 条：“各方当事人自收到调解通知之日起 15 日内不能共同选定一名调解员或者不能共同委托本中心主任指定调解员的，视为不同意调解。当事人另有约定除外。”应当注意的是，此处虽然有“当事人另有约定”的例外情形——例如，在前置条款中事先指定了调解员，可不受“共同选定”或者“共同委托”的要求；但是，目前的商事合同中，事先在前置条款中指定调解员的情况较少。

⑥ 国际商会（ICC）《调解规则》（2014 年版）第 8.1（b）条；《贸仲调解规则》第 21.2 条；《北仲调解规则》（2011 年版）第 24.4 条。

⑦ “a bare agreement to negotiate has no legal content.” Walford v. Miles [1992] 2 AC 128, 138.

将“取决于国内政策，而国内政策不易在世界范围内协调统一”。[①] 这表明联合国贸法会不仅意识到了前置条款的强制性在有些法域不被认可，而且认同了该等认可与否的问题不属于原则性问题，而是可以交由各国之国内政策处理。与之相关地，有中国学者提出，结合中国实践，应当认为前置条款仅具有象征意义、不具有强制性。[②]

2. 回应和论证：前置条款可以具备强制性

结合近年来的实践发展和理论演绎，以上四方面的论点已逐渐弱化。以下三方面的论点将论证前置条款可以具备强制性。

第一，前置条款不是“同意去同意的约定”（an agreement to agree）。当事人通过前置条款表达的合意不应被僵化地理解为通过协商、调解等前置程序确然地、绝对地达成一致、解决争议——所谓的“同意去同意”（agree to agree），而是发生争议时应至少按照前置条款中约定的方法进行尝试。即使当事人不完全抱有合作态度，前置程序的进行也不一定是无意义的虚耗时间。强行使当事人主观上感到友好是困难的，但使当事人客观上采用缓和、友好的配合行为是可能的。强行使当事人达成某种协商一致、调解成功的结果是困难的，但使当事人参与协商、调解的过程并尝试协商、调解是可能的。[③] 即使前置程序可能在任何时候因为任何原因被任一方当事人终结，这也不代表前置程序是无意义的。在前置程序持续的期间内，协商或调解的过程可能使当事人了解事实、解释矛盾、表明意图、恢复信任等，并改变双方的对立态度。在阿联酋公司（Emirates）案中，英国法院分析道，前置程序可以给急于提起仲裁的申请人一个冷静期，在此期间内可能发现争议的其他解法——这可能使双方免于耗费巨大的时间和金钱成本进行后续的仲裁，并符合商事伦理。[④] 该等支持替代性争议解决机制的公共政策（policy favoring recourse to ADR）在多个案例中被采用。[⑤]

---

① 《联合国贸法会调解示范法》“逐条评注”第45条、第50条、第54条。

② 参见宋春龙：《仲裁协议中的“程序前置”条款效力研究——以我国司法实践为切入点》，载《北京仲裁》（2018年第3辑），中国法制出版社2018年版，第145-152页。

③ 如同澳大利亚法院所言，这并非关于合作和同意，而是关于参与到一个可能产生合作和同意的过程中去。（It is about “not cooperation and consent but participation in a process from which cooperation and consent might come.”） WTE Co-Generation v. RCR Energy Pty Ltd [2013] VSC 314 [39].

④ See Emirates Trading Agency LLC v. Prime Mineral Exports Pte Ltd [2014] EWHC 2104 (Comm.).

⑤ See Ohpen Operations UK Limited v. Invesco Fund Managers Limited [2019] EWHC 2246 (TCC). See also Markus Petsche, The enforceability of mediation clauses: A critical analysis of English case law, 5 (1-2) Journal of Strategic Contracting and Negotiation 43, 51-55 (2021).

另外，包括美国[①]、加拿大[②]、韩国[③]、德国[④]、日本[⑤]等在内的多个国家的民事诉讼法都规定了强制诉前调解，且该类调解的成功率较高。[⑥] 这从侧面印证了前置程序可以由外力推动，且可能有实际效果。

第二，无论如何，前置条款仍然是一种约定（agreement）。虽然一方当事人有不希望协商或调解的权利，但另一方当事人也有期待对方遵守协商或调解承诺的权利。一方违反前置条款至少将使另一方“损失一项交易而来的有价值的商业机会”[⑦]（考虑到当事人在订立合同时，可能就争议解决条款的安排进行了谈判、博弈和取舍），一个尝试以友好合作方式处理矛盾的机会。径直认为前置条款空洞、无法律内涵将有违诚信当事人的合理期待。正如有的中国当事人所主张的，应当强制执行前置条款，因为这是“双方的真实意思表示”；[⑧] 事关诚实信用原则。[⑨]

第三，前述某些调解机构的规则框架并不构成普适性的认定前置条款法律效力的权威依据。即使有部分调解机构要求当事人提起调解时仍需保有合意（间接否定了前置条款的强制作用，因为所谓强制性，恰是当事人在提起调解时已无合意，而需要前置条款来提供合意），这部分调解机构也绝不是当事人开展调解的必要参与者——当事人可以通过其他方式进行调解，包括非机构调解（“临时调解员”组织的“临时调解”）、行业组织调解、人民调解

---

① See Kimberlee K. Kovach, Mediation in a Nutshell (third edition), West Academic Publishing, 2014.

② See Joshua Karton, Multi-tier Dispute Resolution Agreements in Canadian Law and Practice: Interpreting, Enforcing, Escaping, 3 (1) The Canadian Journal of Commercial Arbitration 81, 122 (2022).

③ See Andrew White & Sae Youn Kim, Early Resolution of Disputes in Korea: Negotiation, Mediation, and Multi-Tiered Dispute Resolution, 72 (1) Dispute Resolution Journal 15, 24 (2017).

④ 参见汪晖、阙云飞：《民事纠纷调解前置及其实现路径》，载《人民司法》2018 年第 31 期，第 12 页。

⑤ 参见刘加良：《非诉调解前置主义的反思与走向》，载《政法论丛》2020 年第 5 期，第 118-127 页。

⑥ See Beukering-Rosmuller, E. J. M. van & Van Leynseele, P., Enforceability of mediation clauses in Belgium and the Netherlands: Leading a horse to the water … and making it drink?, 21 (3) Nederlands-Vlaams Tijdschrift Voor Mediation En Conflictmanagement 37, 38 (2017).

⑦ "… the loss of a bargained-for valuable commercial opportunity." Sellars v. Adelaide Petroleum NL (1994) 179 CLR 332.

⑧ 北京某机械公司与北京某科技公司申请确认仲裁协议效力案，北京市第四中级人民法院（2023）京 04 民特 1081 号民事裁定书。本文引用的国内案例，除特别说明外，均来自中国裁判文书网，最后访问于 2025 年 6 月 26 日。

⑨ 北京某科技有限公司与天津某文化传媒有限公司申请撤销仲裁裁决案，北京市第四中级人民法院（2021）京 04 民特 936 号民事裁定书。

等。除此之外，有些调解机构［比如美国仲裁协会（AAA）下设的国际争议解决中心（ICDR）］的机构规则允许当事人仅凭前置条款启动调解程序的——一方当事人可以凭借事先约定的“合同中的调解条款”单方面启动调解，而无须征得另一方当事人的同意；① 并且这些机构规则规定调解不是一项可以单方面随时退出、随时终止的程序——除非达成和解协议或者调解员宣告程序终结等情形，调解程序应“由所有当事人”宣告终止。② 前置条款因此可以获得强制性。

（二）前置条款如何能够具备强制性

基于域外和中国的案例和学说，可以识别出以下通常可使前置条款具备强制性的具体条件。以下所识别的三类条件不是穷尽的，任何一类单项的条件也不一定是充分的或必要的。这些条件较大概率会被考虑和关注，应当结合案件的具体情况加以运用。

1. 明确、具体、客观、可操作的履行标准

若要有强制性，前置条款应当有明确、具体、客观、可操作的履行标准，比如期限（如协商应持续30日）、流程（如由双方各指派两名管理层人员进行谈判协商）、特定的规则和机制（如提交特定的调解委员会、依据特定的调解规则进行调解）等。

期限约定不仅具有客观、可量化的优点，而且可以避免一方当事人单方面、无限制地拖延前置程序（extending the pre-adjudication tier into eternity）（以规避仲裁程序的启动）等前置条款被滥用的情形。③ 期限约定在《最高人民法院关于润和发展有限公司申请不予执行仲裁裁决一案的审查报告的复函》（〔2008〕民四他字第1号）④ 中也有所体现。该复函将“未明确约定协商的期限”与“约定的内容比较原则”“会产生歧义”一并列举，表明了期限约定的重要性。

---

① 国际争议解决中心（ICDR）《国际争议解决程序》“国际调解规则”（2014年版）第2（2）（a）条。

② 国际争议解决中心（ICDR）《国际争议解决程序》“国际调解规则”（2014年版）第12（c）条。

③ See Christian Oetiker and Claudia Walz, Non-Compliance with Multi-Tier Dispute Resolution Clauses in Switzerland, 35 (4) ASA Bulletin 872, 876-877 (2017).

④ 该复函指出：“……当事人虽然在仲裁协议中约定发生纠纷应当协商解决，但其未明确约定协商的期限，约定的内容比较原则，对这一条款应当如何履行和界定在理解上会产生歧义，而结合当事人订立仲裁协议的目的来判断该协议的真实意思，当事人约定的‘友好协商’和‘协商不成’这两项条件，前项属于程序上要求一个协商的形式，后一项可理解为必须有协商不成的结果，妈湾公司申请仲裁的行为，应视为已经出现了协商不成的结果，因此，在前一项条件难以界定履行标准，而后一项条件已经成立的情况下，仲裁庭有权依据该仲裁协议受理案件……”

在司法实践中，该复函的适用范围不仅是“协商解决”的前置程序，也可推广适用至调解。[①] 该复函所确立的规则在多个案例中被适用，如在2024年的一个案例中，北京市第四中级人民法院认为，前置条款“未明确约定协商的期限，表明协商并非强制性要求”。[②]

明确、具体的流程和程序约定将提升前置条款的可操作性，并可回应英美法上关于“同意去同意的约定”（agreement to agree）的困惑。根据英美判例法中的分析，“agreement to agree”是一种内容为合意的合意——前置条款看似合意（agreement），但若无更多的合意（more agreements）（比如如何选取调解员以开展调解等），前置条款将无法实行。对此困惑的一个解法是，使前置条款的约定足够具体、具备可操作性——这不仅可将当事人允诺（agree）的对象具化为协商或调解这一过程，而非协商或调解达成某种结果（有悖于协商或调解结果仅可由当事人自愿达成的原则），进而不会出现“同意去同意的约定”（agreement to agree）的困境；而且当事人可以直接通过这些具体、具备可操作性的约定去履行前置条款，进而不再需要“为达成同意之目的的更多同意”（more agreements for the agreement）。在瑞士最高法院2016年的一个判例（“瑞士628案”）中，前置条款约定了首先依据国际商会替代性争议解决规则进行调解，该案的仲裁庭和瑞士最高法院都认可了该前置条款具备强制性。[③]

---

① 参见某证券股份有限公司与陈某借款合同纠纷执行异议案，甘肃省天水市中级人民法院（2020）甘05执异2号执行裁定书等。

② 该案的争议解决条款约定为，“在本合同履行期间，凡因履行本合同所发生的或与本合同有关的一切争议、纠纷，双方可协商解决。协商不能解决时，任何一方均可向中国国际经济贸易仲裁委员会提起仲裁，按照申请仲裁时该会现行有效的仲裁规则进行仲裁……”某公司申请确认仲裁协议效力案，北京市第四中级人民法院（2024）京04民特795号民事裁定书。

③ 案涉前置条款约定为，“双方在履行和解释本合同过程中发生的任何双方无法自行解决的争议应先依据国际商会（ICC）的替代性争议解决规则提请调解”。［Any controversy between the Parties arising from the performance or the interpretation of the present Contract which cannot be resolved by the Parties will first be subject to a conciliation attempt in accordance with the ADR（Alternative Disputes Resolution）Rules of the International Chamber of Commerce（ICC）.”］See BGer. 4A_ 628/2015 of 16 March 2016, ASA Bull. 4/2016. 该案在学说中多被讨论，参见Mladen Stojiljkovic, Arbitral Jurisdiction and Court Review: Three Swiss Federal Supreme Court Decisions to Reconsider, 34 ASA Bulletin 897, 898（2016）; Domitille Baizeau, Multi-tiered and Hybrid Arbitration Clauses, Chapter 18 in Manuel Arroyo（ed）, Arbitration in Switzerland: The Practitioner's Guide（Second Edition）, 2018, pp. 2781-2797; Milivoje Mitrovic, Dealing with the Consequences of Non-Compliance with Mandatory Pre-Arbitral Requirements in Multi-Tiered Dispute Resolution Clauses: The Swiss Approach and a Look Across the Border, 37 ASA Bulletin 559, 560（2019）.

2. 措辞和语义

当事人在前置条款中使用的措辞可作为文义解释的依据。“可以”等用语弱于“应当”“必须”，并可表达当事人欲使前置条款具有选择性（optional and permissive）而非强制性（mandatory and compulsory）的意图。在国际商会（“ICC”）的一个案例中，仲裁庭认为“可将争议提交专家考虑”① 中的“可”表示允许而非强制，因此无论是否已提交专家考虑，任何一方当事人均有权提起仲裁。类似地，在中国的一个案例中，当事人约定：“本协议若发生争议，由协议签订各方协商解决；若协商不成的，协议签订各方可以向中国证券业协会或广东证券期货业协会申请调解；若协商或调解不成的，协议签订各方一致同意……提请华南国际经济贸易仲裁委员会仲裁。”② 该多层次争议解决条款中，“协商解决”一层并未明确是“可以”还是“应当”；调解一层使用的是“可以”，且约定了两个调解机构；③ “若协商或调解不成”中使用的“或”使各层次之间的阶梯关系很模糊。因此，法院认为该案中的前置条款不具有强制性。

值得注意的是，尽管“可以”常被用于论证无强制性的意图，但仅凭“应当”不一定能证明有强制性的意图。在中国的许多案例中，虽然当事人明确约定了“应当”友好协商、“应当”向特定部门申请调解等，法院也没有据此认定前置条款具备强制性。④ 域外案例也有类似的情形。例如，当事人约定，“在提请仲裁之前，双方应尽最大努力尝试协商出使双方均满意的解决方案”（“… parties shall utilize best efforts to attempt to negotiate a solution that is satisfactory to both parties prior to the commencement of arbitration proceedings …”⑤ ）本例中，

---

① “… may refer the dispute to an expert for consideration.” See ICC case No. 10256，转引自 Alexander Jolles, Consequences of Multi-tier Arbitration Clauses: Issues of Enforcement, 4 (72) Arbitration 329, 334 (2006).

② 参见东莞证券股份有限公司与陈嘉借款合同纠纷执行异议一案执行裁定书，（2020）甘05执异2号。

③ 甘肃省天水市中级人民法院认为，“申请调解的机构约定为‘中国证券业协会或广东证券期货业协会’，并未明确确定是哪一个机构”。法院指出，该条款的问题还包括未明确约定协商及申请调解的期限等。

④ 参见承德天某矿业集团有限公司、承德蓝某房地产开发有限公司申请确认仲裁协议效力案，河北省承德市中级人民法院（2019）冀08民特53号民事裁定书；陈某飞、广西某某装饰工程有限公司柳州分公司申请确认仲裁协议效力案，南宁（柳州）铁路运输中级法院（2024）桂71民特80号民事裁定书等。

⑤ See Mauricio Gomm-Santos, The Role of Mediation in Arbitration: The Use and the Challenges of Multi-tiered Clauses in International Agreements, 38 Doutrina Nacional 7, 10 (2013).

尽管前置条款的约定使用了"应"（"shall"），但"最大努力"（"best efforts"）、"尝试"（"to attempt"）、"使双方均满意"（"satisfactory to both parties"）等约定太过主观、模糊，缺乏客观的认定标准——仲裁庭难以判断是否当事人应投入更多的努力和时间进行协商才算"最大努力"（"best efforts"），是否永远会有潜在的下一次会议促使当事人达成协商一致，是否仅仅一次当事人的谈判会议即表示已经尝试（attempt）友好协商过了……该案中的前置条款也被认为欠缺强制性。

3. 良好善意

当事人基于前置条款提起的主张（无论是积极主张执行前置条款、还是消极主张不启动仲裁程序）应当具备合理的良好善意（good faith），而不是恶意地滥用前置条款。否则，前置条款可能丧失强制性。尽管在论及协商、调解等前置程序的强制性时，协商、调解在客观层面的形式表征获得了重视（例如将时间期限、会议参与、程序启动等作为判断前置条款是否实施的形式标准），但不可否认的是，协商、调解等替代性争议解决机制终归天然具有善意、协作、和谐等主观层面的基因。

一方面，如果矛盾已经明显无法通过协商、调解等前置程序善意地被解决，那么前置条款可能被推定为已满足。根据个案的具体情况，如果仲裁庭认定继续等待前置条款中的协商期限流逝（expire）是徒劳无功（futile）的，那么仲裁庭可正当地认为该等争议已经可以受理。① 在一个案例中，英国法院同意仲裁庭的裁决，认为前置条款中约定的期限不是一个绝对的不可受理期（not an absolute bar），而是供当事人寻求协商解决的一个窗口期（a window during which the parties can explore settlement）；如果具体案情充分表明争议已经明显不能通过友好协商方式解决（inability to settle），那么可以视为前置条款已经成就。②

另一方面，如果当事人的参与欠缺良好善意，那么前置条款可能被认定为尚未被满足。在前述的瑞士 628 案中，依据前置条款的约定，当事人应按照国际商会替代性争议解决规则进行调解。争议发生后，当事人一方 X 向国际商会提起了调解。于是一位调解员随即被指定了，双方当事人在接下来的几个星期

---

① See Robert Merkin and Louis Flannery QC, Merkin & Flannery on the Arbitration Act 1996 (6th edn), Informa Law, 2019.

② See Republic of Sierra Leone v. SL Mining Ltd. [2021] EWHC 286 (Comm.).

就何时开展第一次电话会议、是否让律师出席等问题开展讨论。在双方就这些问题达成共识之前，X 就向调解员发出通知，表示调解已经因为另一方当事人 Y 而失败；随后 X 提请仲裁。尽管该案中的仲裁庭否认了 Y 提起的前置条款未满足的主张，瑞士最高法院却作出相反的认定，认为 X 未能依据诚信原则完成前置条款。① 这说明仅形式化、流程化地进行前置程序可能是不够的，还需要秉持良好善意、实质性地参与。在瑞士最高法院于 2013 年裁判的一个案例中，尽管争议解决条款中明确约定了“如果因为任何原因，前置程序没有实现，那么争议可直接提交仲裁”,② 但是瑞士最高法院表明，此约定并不意味着前置程序［争议评审委员会（dispute adjudication board，DAB）程序］可以任意地被否认；对前置程序的否认应仅在特定情况下、有条件地作出。瑞士最高法院举出了正反面的例子——如果当事人只是想规避争议评审委员会程序，径行提起仲裁，那么当事人并非善意，仍然应该强制要求当事人履行争议评审委员会程序；如果当事人是善意的，比如是因为在案涉的具体情况下所组成的争议评审委员会已经无法发挥功能了，那么该约定将适用（虽然前置程序没有实现，但是可以将争议直接提交仲裁）。

另外，在行使权利的过程中，如果一方当事人恶意滥用了前置条款，该方当事人基于前置条款享有的权利将不受保护。美国法院曾认定的恶意滥用（abuse，in bad faith）的情况包括：以调解为策略拖延时间、作出冒犯性的行为、对和解或调解提议不作回应、不与对方或调解员就争议相关的事项进行有效沟通等。③ 再者，基于善意原则及与之相关的禁止反言规则、弃权规则等，未能配合参与前置程序的一方当事人不可嗣后就前置条款未满足提起异议——当事人不得因自己的违约而主张对方未能遵守约定④。中国法院也曾在多个案例中以当事人

① See BGer. 4A_ 628/2015 of 16 March 2016, ASA Bull. 4/2016. Milivoje Mitrovic, Dealing with the Consequences of Non-Compliance with Mandatory Pre-Arbitral Requirements in Multi-Tiered Dispute Resolution Clauses: The Swiss Approach and a Look Across the Border, 37 ASA Bulletin 559, 574 (2019).

② 该条款是争议解决条款中的一部分，其原文为：“20.8 If for any reason-there is no DAB (dispute adjudication board) in place, then requirement for amicable settlement will not apply, and the dispute may be referred directly to arbitration.” See BGer. 4A_ 124/2014, ASA Bull. 2014, pp. 826-848. 转引自 Domitille Baizeau, Multi-tiered and Hybrid Arbitration Clauses, Chapter 18 in Manuel Arroyo (ed), Arbitration in Switzerland: The Practitioner's Guide (Second Edition), 2018, pp. 2781-2797.

③ See Peter N. Thompson, Good Faith Mediation in the Federal Courts, 26 Ohio State Journal on Dispute Resolution 363 (2011).

④ “… they cannot rely upon their own breach to now contend that the [other party] has failed to comply with it.” NWA v. NVF [2021] EWHC 2666 (Comm.).

未能在仲裁中就前置条款未满足提出异议为由驳回当事人在后续的司法程序中基于前置条款提起的主张。[①]

（三）前置条款强制性如何作用于仲裁庭管辖权

满足以上识别的具体条件时，前置条款可能具备强制性。前置条款的强制性意味着什么？实践中，多有当事人主张：前置程序是仲裁条款的生效条件，前置条款未满足，仲裁协议尚未生效[②]；已经超过前置条款约定的期限，仲裁协议无效或已失效[③]等。其背后的逻辑都是：前置条款将阻碍仲裁协议的效力，进而损害仲裁庭的管辖权，导致案件应由法院受理。

该类争议的实质在于：如果前置条款不影响仲裁协议的效力，那么仲裁庭有管辖权来认定前置条款的相关问题；反之，如果前置条款的未满足将导致仲裁协议不生效或者无效，那么应当由法院来认定前置条款的相关问题（在此情形下，即使仲裁庭作出了认为自己有管辖权的决定，法院也将基于前置条款对仲裁庭的管辖权进行实质审查，并可能作出与仲裁庭相反的认定，撤销或不予承认与执行仲裁裁决）。

近几年，针对前置条款，域外理论和实践的一大关注重点和发展成果是：通常情况下，应默认前置条款不影响仲裁协议的效力，法院对相关问题只能进行有限的、形式的司法审查（相对于实质的司法审查[④]）（因为欠缺《纽约公约》项下的实质审查事由，尤其是关于仲裁协议和仲裁庭管辖权的审查事由）。

中国学者在研究前置条款时，大多采用了比较法的研究方法。然而，该等研究中所引介的域外理论和实践并不能反映比较法上的最新发展。例如，该等研究中介绍的域外理论框架多为：实体法说（认为前置条款是实体合同、对前置条款的违反将引发实体意义的违约责任）、程序法说（认为前置条款是仲裁协议的程序性条件、对前置条款的违反将使得仲裁协议不生效）、独立说（认

---

① 参见陈某某等与宿迁某创业投资中心（有限合伙）等申请撤销仲裁裁决案，北京市第四中级人民法院（2018）京04民特146号之一民事裁定书；崔某诉上海某创业投资有限公司申请撤销仲裁裁决案，上海市第一中级人民法院（2019）沪01民特250号民事裁定书等。

② 北京某公司与某建筑公司申请确认仲裁协议效力案，北京市第四中级人民法院（2024）京04民特711号民事裁定书。

③ 陈某某等与宿迁某创业投资中心（有限合伙）等申请撤销仲裁裁决案，北京市第四中级人民法院（2018）京04民特146号之一民事裁定书。

④ 此处讨论的实质审查和形式审查不同于针对实体问题的司法审查和针对程序问题的司法审查；虽然大多数的实体问题对应形式审查，大多数的实质审查针对的是程序问题。（但是少数情况下，并非如此；例如，公共政策问题属于实体问题，但是对应实质审查。）

为前置条款与仲裁协议相互独立)。[①] 然而，该等理论框架下，实体法说已无争议地在国内和域外的理论和实践中已被否定；程序法说和独立说之间的关系也不完全清晰。为了更好地理解和适用前置条款、完善我国的现有学说，以下对域外的新近理论模型进行梳理和分析。

域外的理论模型可抽象为两种：可受理性说和程序性条件说。[②] 采取可受理性说的代表法域包括法国、德国、英国、澳大利亚、新加坡等。采取程序性条件说的代表法域是美国。两种理论模型的核心结论一致——前置条款不是针对仲裁协议或者仲裁庭管辖权的限制，应仅受到法院有限的形式审查。两种理论模型的论证路径各有不同，以下分而述之：

1. 可受理性说

可受理性说认为前置条款限制具体主张（the claim），而非裁判者（the adjudicatory body）（仲裁庭）；前置条款有关的问题是可受理性问题（admissibility），而非管辖权问题（jurisdiction）。通常认为，可受理性概念涉及的事项包括：争议是否存在、当事人是否具有可请求利益、未决诉讼（lis pendens）、不方便法院（forum non conveniens）、已决事项（既判力）（res judicata）等。[③] 在前置条款的语境下使用可受理性概念时，其含义为由于前置条款未满足，仲裁请求是不成熟的（premature）、暂时不可被提起的（the claim is not yet ready to be submitted to arbitration）、暂时不可受理的（inadmissible for the time being; temporarily inadmissible）。当前置条款满足后，仲裁请求将变为可受理的状态。

法国、德国是率先采用可受理性说的国家。法国法院在2003年、2004年、2017年的多个案例中认定，前置条款的未满足将导致相关请求的不可受理。[④]

---

① 参见钱瑾：《多层次争议解决条款可执行性研究》，载《北京仲裁》（2016年第4辑），中国法制出版社2017年版，第3-6页；宋春龙：《仲裁协议中的“程序前置”条款效力研究——以我国司法实践为切入点》，载《北京仲裁》（2018年第3辑），中国法制出版社2018年版，第147-149页；李娜：《仲裁协议“前置程序”之司法审查路径研究》，载《法律适用》2022年第11期，第82-83页。

② 这不是对域外情形的穷尽梳理，被划分在同一类型下的各法域的规则也并非完全一样。这种类型化、结构化、理性化的尝试，意在发现整体性的规律、提供分析和比较的框架。

③ See Jason Rotstein, Before ending the case: Disassembling jurisdiction and admissibility in BG v. Argentina, 51 Georgetown Journal of International Law 81, 98 (2019).

④ See Société Nihon Plast Co. v. Société Takata-Petri Aktiengesellschaft, 4 March 2004, Cour d' appel de Paris (1st Civil Chamber), reported in Revue de l' Arbitrage, 1/2005; Société Vijay Construction Ltd. v. Société Eastern European Engineering Ltd., 28 June 2016, Cour d' appel de Paris (1st Pole, 1st Chamber), reported in Revue de l' Arbitrage, 4/2016. See also Jan Paulsson, Jurisdiction and Admissibility, Global Reflections on International Law, Commerce and Dispute Resolution: Liber Amicorum in honour of Robert Briner 601, 613 (2005).

德国法院在 2016 年的两个案例中认为，违反前置条款的后果是当事人不能提起相关请求［no actionability（Klagbarkeit）］。[①]

可受理说的影响范围在持续扩大。例如，瑞士最高法院在瑞士 628 案中的处理方式即实质上采用了可受理性说。在该案件中，瑞士法院基于效率的考虑，在强制执行前置条款时没有否认仲裁庭的管辖权（否则，X 和 Y 已经开始的仲裁程序将不得不终止，并可能引发超过诉讼时效、需要重新组成仲裁庭等系列问题），而是指令仲裁中止、当事人先行完成前置条款。在另一个案例中[②]，瑞士最高法院论述道，法院在处理违反前置条款的后果时以仲裁庭无管辖权为依据，实为一种缺省规则（a default choice）、无奈之举，因为其他撤销仲裁裁决的事由用在此处不合适，而前置条款应具有法律效果——无论以何种方式实现。[③] 这似乎暗示着以仲裁庭无管辖权作为违反前置条款的后果并不是完全恰当的。瑞士学界也有类似观点，认为瑞士法院应借鉴德国和法国的经验，明确仅可基于可受理性，而不基于管辖权处理前置条款问题。[④]

近几年，可受理性说被英国、新加坡、澳大利亚等在内的普通法系法域采纳。在此之前，英国法院在 2014 年的阿联酋公司（Emirates）[⑤] 等案中没有区分可受理性和管辖权，并认为前置条款将影响仲裁庭的管辖权。这引起了学界的批评。[⑥] 英国法院在 2020 年的奥布拉松（Obrascon）[⑦]、2020 年的大韩民国（Republic of Korea）[⑧] 等案中开始采纳可受理性和管辖权的区分，并在 2021 年

---

① Decision BGH，NJW-RR 2016；Decision BGH，NJW 2017. 转引自 Milivoje Mitrovic，Dealing with the Consequences of Non-Compliance with Mandatory Pre-Arbitral Requirements in Multi-Tiered Dispute Resolution Clauses：The Swiss Approach and a Look Across the Border，37 ASA Bulletin 559，569（2019）.

② 该案中，法院将前置条款问题认定为管辖权问题，并依此撤销了仲裁裁决。

③ It conceded that it chose the jurisdictional appeal "as a default choice" since the issue "cannot be connected to another ground for appeal" but that it "should nevertheless be sanctioned in one way or the other". BGE 142 III 296，4A_ 628/2015，ASA Bulletin 4/2016. See Milivoje Mitrovic，Dealing with the Consequences of Non-Compliance with Mandatory Pre-Arbitral Requirements in Multi-Tiered Dispute Resolution Clauses：The Swiss Approach and a Look Across the Border，37 ASA Bulletin 559，574（2019）.

④ See Milivoje Mitrovic，Dealing with the Consequences of Non-Compliance with Mandatory Pre-Arbitral Requirements in Multi-Tiered Dispute Resolution Clauses：The Swiss Approach and a Look Across the Border，37 ASA Bulletin 559，571（2019）.

⑤ See Emirates Trading Agency LLC v. Prime Mineral Exports Pte Ltd［2014］EWHC 2104（Comm.）.

⑥ See Robert Merkin & Louis Flannery QC，Merkin and Flannery on the Arbitration Act 1996（sixth edition），Routledge，2020.

⑦ See Obrascon Huarte Lain S. A. v. Qatar Foundation for Education［2020］EWHC 1643（Comm.）.

⑧ See Republic of Korea v. Dayanni［2020］2 AER（Comm.）672. 案例检索自 vLex United Kingdom 数据库，https：//vlex. co. uk/，最后访问于 2025 年 7 月 30 日。

的塞拉利昂（Sierra Leone）[①]、NWA[②] 等案中确立了前置条款所影响的是仲裁请求的可受理性，而非仲裁庭的管辖权。这种转变受到了学界和实务界的肯定。[③] 新加坡法院在2020年的BBA、BTN等案[④]中，澳大利亚法院在2021年的纽盎司集团（The Nuance Group）[⑤] 等案中亦采用了可受理性说来处理前置条款问题。

2. 程序性条件说

程序性条件说在美国占主流地位，其将前置条款作为仲裁协议的程序性条件（procedural condition precedent），而非实质性条件（arbitrability[⑥]）。依据判例，实质性条件包括当事人是否达成仲裁协议[⑦]、仲裁条款是否可适用于未签署主合同的当事人[⑧]、仲裁条款是否在公司合并后仍然有效[⑨]、某仲裁协议是否适用于某一特定类型的争议[⑩]等。程序性条件包括：期限限制、通知义务的满足、禁止反言要求的满足、强制的仲裁前申诉程序、仲裁前的友好协商要求等。[⑪] 实质性条件可能阻碍仲裁庭的管辖权，因为实质性条件的未满足大多意味着当事人仲裁合意的不存在或不合法。程序性条件是提起仲裁前应完成的事项，但程序

---

① See Republic of Sierra Leone v. SL Mining Ltd. [2021] EWHC 286 (Comm.). 案例检索自vLex United Kingdom数据库，https://vlex.co.uk/，最后访问于2025年7月30日。

② See NWA & FSY v. NVF, RWX & KLB [2021] EWHC 2666 (Comm). 案例检索自vLex United Kingdom数据库，https://vlex.co.uk/，最后访问于2025年7月30日。

③ See Stefan Pislevik & Natalie Keir, Update from the English High Court on Preconditions to Arbitration: Republic of Sierra Leone v. SL Mining Ltd., 16 (2) Construction Law International 19 (2021).

④ See BBA v. BAZ [2020] 2 SLR 453, BTN v. BTP [2020] SGCA 105. 转引自David Foxton, How Useful is the Distinction Between Jurisdiction and Admissibility?, Paris Arbitration Week, 9 April 2025, https://www.judiciary.uk/wp-content/uploads/2025/04/PAW-talk.pdf.

⑤ See The Nuance Group (Australia) Pty Ltd v. Shape Australia Pty Ltd [2021] NSWSC 1498.

⑥ 此处的"arbitrability"不同于国际上通常使用"arbitrability"指称"可仲裁性"的情形。需要注意的是，中国有学者在引入美国的相关判例和学说时，将前置条款语境下的"arbitrability"译为"可裁性"，并使用了"实体上的可裁性"和"程序上的可裁性"的概念。参见钱瑾：《多层次争议解决条款可执行性研究》，载《北京仲裁》(2016年第4辑)，中国法制出版社2017年版，第7页；李娜：《仲裁协议"前置程序"之司法审查路径研究》，载《法律适用》2022年第11期，第82页。笔者认为，译为"实质性条件"和"程序性条件"更准确，与国际通用的"可仲裁性"等话语体系更协调。

⑦ See Granite Rock Co. v. Teamsters, 561 U.S. 287, 299-300 (2010).

⑧ See First Options of Chicago, Inc. v. Kaplan, 514 U.S. 938 (1995).

⑨ See John Wiley & Sons, Inc. v. Livingston, 376 U.S. 543, 546-548 (1964).

⑩ See Howsam v. Dean Witter Reynolds, Inc., 537 U.S. 79, 84 (2002).

⑪ See John Wiley & Sons, Inc. v. Livingston, 376 U.S. 543, 555-557 (1964); Howsam v. Dean Witter Reynolds, Inc., 537 U.S. 79, 85 (2002); Dialysis Access Center, LLC v. RMS Lifeline, Inc., 638 F.3d 367, 383 (CA1 2011).

性条件的未完成并不导致仲裁协议的无效。①

目前，美国各州的判决尚未达到完全统一。少数派意见认为，前置条款是仲裁协议的实质性条件——如果当事人没有履行前置条款中的约定，则仲裁协议尚未生效（not triggered，not activated），仲裁庭无管辖权，当事人处理争议时没有义务诉诸仲裁，而是有权提起诉讼。②

以美国最高法院及绝大多数州法院为代表的多数派意见认为，前置条款是仲裁协议的程序性条件——即使当事人没有履行前置条款中的约定，当事人仍受仲裁协议约束。③ 前置条款应由仲裁庭，而非法院决定。这也是美国学者的主流观点。④ 在2016年的英国天然气集团（BG Group）案⑤中，美国最高法院认为，案涉前置条款是一项“请求处理规则”（claims-processing rule），其意在约束仲裁应在何时提起，而非仲裁应否提起，⑥ 并应由仲裁庭解释和适用，且只受到法院谦抑的司法审查（review … with considerable deference）。⑦

三、前置条款强制性认定的中国情境分析

（一）对比域外：前置条款强制性认定的中国特殊性

在研究前置条款强制性的过程中，可以发现一个隐含的规律：一方面，以

---

① “… a condition precedent determines what must happen before a contractual duty arises, but does not make the validity of the contract depend on its happening.” BG Group v. Republic of Argentina 134 S. Ct. 1198, 8 (2016).

② See Kemiron Atlantic, Inc. v. Aguakem International, Inc., 290 F. 3d 1287 (11th Cir. 2002); Welborn Clinic v. Medquist, Inc., 301 F. 3d 634, 638 (7th Cir. 2002).

③ See BG Group v. Republic of Argentina 134 S. Ct. 1198 (2016); Dimattina Holdings, LLC v. Steri-Clean, Inc., 195 F. Supp. 3d 1285 (S. D. Fla. 2016); Ungava Techs. v. Innerspec Techs., 6: 17-cv-6, 2017 U. S. Dist. LEXIS 83392. See also Thomas J. Stipanowich, Multi-Tier Commercial Dispute Resolution Processes in the United States, in Anselmo Reyes & Gu Weixia (eds.), Multi-Tier Approaches of the Resolution of International Disputes: A Global and Comparative Study, Cambridge University Press, 2021.

④ See Gary B. Born and Marija Scekic, Pre-Arbitration Procedural Requirements: “A Dismal Swamp”, Chapter 14 in David D. Caron et al. (eds.), Practising Virtue: Inside International Arbitration, Oxford University Press, 2015.

⑤ See BG Group v. Republic of Argentina 134 S. Ct. 1198 (2016). 本案是一项基于阿根廷和英国的双边投资协定提起的国际投资仲裁。该双边投资协定中约定，在提起仲裁前，当事人应在阿根廷进行为期18个月的诉讼。本案中的仲裁庭认为其有管辖权，尽管申请人并没有先行在阿根廷法院寻求救济。美国最高法院支持了仲裁庭的决定。

⑥ “It determines when the contractual duty to arbitrate arises, not whether there is a contractual duty to arbitrate at all.” See BG Group v. Republic of Argentina 134 S. Ct. 1198 (2016).

⑦ 尽管这是一起国际投资仲裁，美国最高法院明确以上论理是国际商事仲裁中的通常假设。“系争文件是投资协议这一事实不会实质性地影响此处的分析。”（“… the fact that the document at issue is a treaty does not make a critical difference to this analysis.”）BG Group v. Republic of Argentina 134 S. Ct. 1198, 3 (2016).

上所识别的认定前置条款强制性的条件看似是域外和中国的共识——这些条件在域外和中国的案例中都被适用过，在域外和中国的理论中都自圆其说。另一方面，这种共识似乎单向地表现为通过以上条件否定前置条款的强制性；而另一个方向——通过以上条件肯定前置条款的强制性——尚未被实证为共识。根据笔者的检索，在中国的实践中，几乎没有前置条款被强制执行的案例。

与之对比，域外已有诸多前置条款被认定为具备强制性的案例，典型的如法国 2003 年和 2014 年的两个案例，德国 2016 年的两个案例①，英国的阿联酋公司（Emirates）② 案，澳大利亚的联合集团铁路服务（United Group Rail Services）③ 案，新加坡的国际研究公司（International Research Corp. PLC）④ 案等。在前述瑞士 628 案中，仲裁庭和瑞士最高法院一致地认为案涉前置条款具备强制性；并且瑞士最高法院以撤销仲裁裁决⑤的方式强制执行了前置条款。⑥ 有瑞士学者认为，将约定得明确具体的前置条款认定为有强制性是一种发展趋势。⑦

中国的前置条款尚未被认定为具备强制性，并非因为中国的前置条款尚未具备以上识别的条件。笔者以北大法宝案例数据库中的仲裁司法审查案件为基础，进行了抽样统计。以仲裁案件中的仲裁条款包含前置条款并且法院在仲裁司法审查中就前置条款的强制性进行了分析为标准，笔者选取了 34 个较有代表性的案例。依此案例样本，可得：34 个案例中约定的前置程序一共有 41 项

---

① Poiré v. Tripier, 14 February 2003, Cour de cassation (Mixed Chamber), reported in Revue de l' Arbitrage, 2/2003. Medissimo v. Logica, 29 April 2014, Cour de cassation (Commercial Chamber), numéro de pourvoi: 12-27.004. Decision BGH, NJW-RR 2016; Decision BGH, NJW 2017. 转引自 Milivoje Mitrovic, Dealing with the Consequences of Non-Compliance with Mandatory Pre-Arbitral Requirements in Multi-Tiered Dispute Resolution Clauses: The Swiss Approach and a Look Across the Border, 37 ASA Bulletin 559, 569 (2019).

② Emirates Trading Agency LLC v. Prime Mineral Exports Pte Ltd. [2014] EWHC 2104 (Comm.).

③ United Group Rail Services v. Rail Corporation New South Wales (2009) 127 Con LR 202.

④ International Research Corp. PLC v. Lufthansa Systems Asia Pacific Pte Ltd. [2012] SGHC 226. 案例检索自 Thomson Reuters Practical Law 数据库，https://legal.thomsonreuters.com/en/products/practical-law，最后访问于 2025 年 7 月 30 日。

⑤ 该仲裁裁决为仲裁庭认定其自身具备管辖权的中间裁决。仲裁庭认为，前置条款中约定的调解程序已经满足。瑞士最高法院依据其对国际商会替代性争议解决规则的解读，认为案涉前置条款中约定的调解程序尚未满足，并指令仲裁程序中止，直至前置程序被满足。

⑥ See BGer. 4A_ 628/2015 of 16 March 2016, ASA Bull. 4/2016. 本案判决在 2018 年作出。其时，国际上仍多认为法院可以对前置条款相关的问题进行实质性的司法审查（因此有了本案中的法院与仲裁庭对于前置程序是否满足的认定不一、法院据此撤销仲裁庭的管辖权裁决的情况）。如同本文二（三）部分所述，这种实质审查论在近几年已有所转变。

⑦ Domitille Baizeau, Multi-tiered and Hybrid Arbitration Clauses, Chapter 18 in Manuel Arroyo (ed), Arbitration in Switzerland: The Practitioner's Guide (Second Edition), 2018, pp. 2781-2797.

(有些前置条款中包含了不止一项前置程序，比如既约定了协商，又约定了调解)，其中，不符合以上强制性条件的协商条款[①]有 20 项、调解条款有 2 项，符合以上强制性条件的协商条款[②]有 11 项、调解条款[③]有 8 项；即，符合强制性标准的前置条款共计 19 项（占比 46.3%）。

依此抽样统计的结果，有相当比例的前置条款可被认定为具备强制性，但在中国的实践中实际被认定的概率为 0%。这反映了一种“高门槛”的倾向。例如，有争议解决条款约定为，“……一切争议、纠纷，双方可协商解决。协商不能解决时，任何一方均可向中国国际经济贸易仲裁委员会提起仲裁……”尽管前置条款和仲裁协议的措辞都是“可”，法院认为，该仲裁协议（尽管使用了“可”）符合《中华人民共和国仲裁法》（以下简称《仲裁法》）的规定，合法有效；该前置条款约定为“可”，而不是“应”，结合《复函》的规定，无强制性。[④]

这种对前置条款强制性的保守认定似乎是一种特殊性。值得探讨的是，在理论层面，为何会有这种特殊性？这种特殊性是否具备正当性？在实践层面，是否需要（以及如是，应如何）对此特殊性作出应对？

（二）如何理解此特殊性

1. 仲裁与调解相结合

前置条款中约定的替代性争议解决机制的精神在中国的仲裁中其实多有贯彻。根据《仲裁法》第 51 条，“仲裁庭在作出裁决前，可以先行调解。当事人自愿调解的，仲裁庭应当调解……”这在中国的仲裁机构规则中也有所体现，如《贸仲仲裁规则》（2024 年版）第 47 条第 1 项[⑤]、第 2 项[⑥]，《北仲仲裁规则》（2024 年版）第 43 条第 1 项[⑦]等。仲裁与调解相结合（“仲调结合”）事实上贯穿于仲裁过程中。“仲调结合”制度体现了以和为贵、礼治、德礼教化、

---

① 约定为“协商解决”“友好协商解决”“本着相互谅解、信任、平等的原则协商”“本着真诚服务、互惠互利的原则协商”等。

② 包含了明确的期限约定等客观标准，比如以书面形式通知对方，并在通知后某期限内（默认为协商期）解决等。

③ 包括“报请物业管理行政主管部门进行调解”“请当地建管部门调解”“向市建设行政主管部门请求调解”“提请房屋租赁主管机关调解”等。

④ 某公司申请确认仲裁协议效力案，北京市第四中级人民法院（2024）京 04 民特 795 号民事裁定书。

⑤ “双方当事人有调解愿望的，或一方当事人有调解愿望并经仲裁庭征得另一方当事人同意的，仲裁庭可以在仲裁程序中对案件进行调解。双方当事人也可以自行和解。”

⑥ “仲裁庭在征得双方当事人同意后可以按照其认为适当的方式进行调解。”

⑦ “仲裁庭可以根据当事人的请求或者在征得当事人同意的情况下按照其认为适当的方式进行调解。”

使民不争等优良传统，在国际上享有“东方经验”之美称。

仲调结合不仅包含调解程序，还包含协商元素。仲调结合可通过多种方式进行，包括面对面调解（仲裁员和双方当事人在场）、背对背调解（仲裁员与各方当事人分别单独沟通）、监督调解（仲裁员不实际参与，双方当事人在一定期限内自行协商，本质上类似于“协商”）等。[①] 以化解矛盾、解决问题为目标，协商和调解是紧密结合，甚至可以互相转化的——某种意义上，调解是协商、和解的延续，是调解员作为第三人参与的协商和谈判。[②]

因此，在中国的仲裁程序中，当事人一直有机会实现协商和调解，仲裁庭积极引导和支持当事人进行协商和调解。在此情境下，当事人希望通过前置条款实现的利益（尤其是如果这种利益是基于良好善意的、正当的，而非出于拖延时间、规避仲裁裁决等动机[③]）实质上可以在仲裁程序中实现，由此弱化了强制执行前置条款的紧迫性和必要性。

2. 诉诸正义的权利

不轻易认定前置条款具备强制性，也是为了保障当事人诉诸正义的权利（access to justice）。此处的“诉诸正义”是指诉诸司法机制（诉讼）或准司法机制（仲裁）。不同于协商、调解等前置程序，仲裁具有准司法性（quasi-judicial）。其准司法性体现为：由中立的第三方作出有约束力的、可被国家机关强制执行的决定，有相对完备的程序及规则，有较为成熟的法院支持机制（例如临时措施），有国际通行的司法监督和纠偏救济机制（包括仲裁裁决的撤销审查、承认与执行审查等），能更好地保障正当程序、当事人平等、当事人陈述申辩等权利。

以保障当事人诉诸正义的权利为出发点，仲裁的准司法性使得仲裁与诉讼成为一类，而协商、调解等其他替代性争议解决机制是另一类。这一逻辑在中国法院的论理中多有体现：“‘当地建管部门’并不属于管辖司法机构或者仲裁机构；”[④] “诉讼与仲裁是法定的两种纠纷解决方式，本案当事人已选定仲裁作

---

① 杜新丽：《国际商事仲裁理论与实践专题研究》，中国政法大学出版社2009年版，第207-208页。

② 沈四宝：《从北仲的一个典型国际调解案看中国商事调解制度的特点》，载《北京仲裁》（2017年第1辑），中国法制出版社2017年版，第102页；沈四宝：《商事调解员的素质及思维》，载《商事仲裁与调解》2020年第1期，第154页。

③ 当然，如同许多机制，仲调结合本身也存在被滥用的风险，不一定适合每一个参与方（无论是仲裁员或是当事人）、每一个案件。本文三（三）2部分将对此问题进一步讨论。

④ 新余市某餐饮食品有限公司申请撤销仲裁裁决特别程序案，参见江西省新余市中级人民法院（2020）赣05民特30号民事裁定书。

为纠纷解决方式，约定调解不影响仲裁条款的效力。”①

无论是在国际法还是国内法层面，诉诸正义的权利都至关重要。诚如《联合国贸法会调解示范法》所评注，当事人诉诸正义的权利可被视为一项宪法性的、不可剥夺的权利。② 这一原则在《中华人民共和国人民调解法》中也有所体现。③

3. 替代性争议解决机制在中国的发展现状

整体而言，中国的独立调解在规范化、行业化等方面仍有待完善。虽然近年来各行业内、各机构内纷纷成立了很多调解机构、调解中心，但中国的独立调解仍然存在许多问题，包括被了解和认可的程度低，地区间发展不均衡，机构收费低、大多数依靠上级或者管理部门拨款，调解员补贴偏低、欠缺积极性，依赖兼职调解员，而调解员本职工作繁忙、投入调解的精力有限，存在律师兼职调解员将调解转为诉讼代理的情形（而缺乏潜在利益冲突、调解员职业道德、律师职业伦理等方面的规范）等。④

展望未来，调解、协商等前置机制可能获得发展——2025 年 5 月 27 日中国司法部发布了关于《中华人民共和国商事调解条例（公开征求意见稿）》公开征求意见的通知⑤；《联合国关于调解所产生的国际和解协议公约》（以下简称《新加坡调解公约》）也可能增强调解机制的跨境认可⑥，但是，前置程序的未来发展任重道远。调解、协商等前置程序欠缺准司法性，其当下发展完善的程度不如诉讼、仲裁，不能确保当事人诉诸正义的权利可尽获实现。因此，中国法院在认定前置条款的强制性时甚为保守。

---

① 深圳市某影视文化发展有限公司与赵某某公司申请确认仲裁协议效力案，参见广东省深圳市中级人民法院（2014）深中法涉外仲字第 62 号民事裁定书。

② 《联合国贸法会调解示范法》“逐条评注”第 94 条。

③ 参见《中华人民共和国人民调解法》第 3 条规定，“人民调解委员会调解民间纠纷，应当遵循下列原则：……尊重当事人的权利，不得因调解而阻止当事人依法通过仲裁、行政、司法等途径维护自己的权利”。

④ 参见赵健雅：《我国商事调解制度立法建构》，中南财经政法大学 2022 年博士学位论文，第 40 页；李春华、程婕：《浅析商事调解与敦促履约在浙江的实践》，载《商事仲裁与调解》2023 年第 4 期，第 92 页。

⑤ 来源：司法部网站，https：//www. moj. gov. cn/pub/sfbgw/lfyjzj/lflfyjzj/202505/t20250527_ 520154. html，最后访问于 2025 年 6 月 26 日。

⑥ 中国于 2019 年 8 月 7 日签署《新加坡调解公约》，但其在中国的生效还需要一系列国内法的调适和国内及国际程序。参见中国国际经济贸易仲裁委员会主编：《中国国际商事仲裁年度报告（2018～2019）》，法律出版社 2019 年版，第 118-119 页。

4. 当事人意思自治与社会情境

当事人意思自治原则是仲裁制度的基石和核心，也应契合前置条款作为一种合同①的性质。在理解当事人意思时，应当认识到当事人的意图根植于法律体系之中，受到社会普遍认知（norm）的影响——当事人当时如此约定，想必也合理地考虑了相关的法律规则和行业惯例。据此可以超越文本字面，突破文义解释的桎梏。在此基础上，有些解读看似是对当事人意思表示的曲解和限制（例如认为“应先行协商”不具备强制性），但事实上恰是当事人的预期，是一种实质上的当事人意思自治。

如前文所述，“可进行协商”“可提起调解”通常被解读为选择性的，而“可提起仲裁”通常被解读为强制性的。同样约定为“可”，其法律适用的差异源自社会背景（包括习惯、常情等）的差异。在笔者抽样的案例中，经法院原文引用的仲裁协议有30个，其中有18个（占比60%）仲裁协议的用语都是“可”（提起仲裁）。② 可见，当事人在仲裁协议中使用“可”实际上已经比较普遍，几乎成为一种习惯。辅之以支持仲裁、灵活解释以补救仲裁协议有效性的司法政策，“可”通常不会妨碍仲裁协议的效力。当事人在此语境下使用“可提起仲裁”的表述的真实意思可以被灵活地理解为“有权提起仲裁”（“有权提起仲裁”也是实践中当事人较常采用的措辞③）。

这种个案（个案中的当事人意思自治）和整体（整体上的社会常情和法律制度）之间的互动是持续的、彼此印证和深化的。随着实践的积累，当事人会越发理解、适应和习惯关于前置条款是否具备强制性、如何具备强制性的规则，会更加准确地根据自己的意愿和预期调整自己的意思表示。当事人的主观预期和客观表意将更加吻合实践中的法律规则和法律效果，从而使得当事人意思自治得到更彻底的实现。

这也意味着当前中国实践中对于前置条款的处理不必然是一成不变的。调解、和解等替代性争议解决机制具有其优势，且被广泛倡导。社会存在的不断发展演变意味着对当事人意思的解读可能随之变化。随着中国的独立调解获得

---

① 应当将前置条款定性为一种针对争议解决事项的程序性质（而非实体性质）的合同，其可能引起的法律效果也主要是程序性质的（而非实体意义的违约责任等）。这在境内外已成为通说，本文不再赘述。

② 例如，滦平县某矿业有限责任公司、承德某房地产开发有限公司申请确认仲裁协议效力案，河北省承德市中级人民法院（2019）冀08民特52号民事裁定书。

③ 例如，吴某某等非与执行审查案，北京市第三中级人民法院（2021）京03执异553号执行裁定书；龚某某与周某某等申请撤销仲裁裁决案，北京金融法院（2021）京74民特114号民事裁定书等。

完善的发展，可以更多地保障当事人诉诸正义的权利，也许当事人在前置条款中的约定也就有了更现实、更明确的预期和表意，更加真切地指向某个调解中心、某项调解机制；也许就可以合理地推知当事人欲使前置条款强制的意图，并出现认定前置条款具备强制性的案例。

（三）实践层面的启示

1. 订立前置条款时对中外差异有所知觉

如上所述，中国实践中，前置条款很难被认定为具备强制性，即使其包含期限约定、具体的流程约定等。然而，在域外，当期限约定、具体的流程约定等要求获得满足时，前置条款可能被赋予强制性。

因此，如果案件的处理可能涉及域外的规则或者裁判者——无论是仲裁庭具有国际性（比如仲裁庭成员包括外籍人士），或是仲裁程序具有国际性（比如仲裁程序适用域外仲裁机构规则），抑或仲裁地法院或仲裁裁决承认与执行所在地法院在域外时，则应意识到场景和规则前提的改变，意识到前置条款中的期限约定、具体流程约定等可能引起的法律效果。

2. 中国特殊性的情境改变时随之改变

中国当下对前置条款强制性认定的谨慎态度是基于当下的社会情境，而社会情境的改变将引起相关实践的改变。

第一，如果未来中国的商事文化、仲裁文化在某些方面改变，仲调结合可能会弱化。域外对中国的仲调结合制度有一些质疑，包括仲裁员兼任调解员（double-hatting）及其对公正性、独立性的影响、信息隔离与信息外溢之风险等。域外的具有代表性的仲裁机构——如国际商会（ICC），在其提供的示范条款中明确将独立的调解程序和独立的仲裁程序同时进行作为了一种示范情形。[①]这与中国的仲调结合（调解程序和仲裁程序虽然也同时进行，但是相互融合而不独立）形成直接对照。这些思维方式、制度文化和具体规则可能逐渐影响并改变中国的仲调结合。

第二，如果中国的独立调解行业进一步发展和完善，前置条款在中国将更

① 该示范条款原文为，“条款C：有义务适用国际商会调解规则，需要时允许同时进行仲裁：（x）对于产生于本合同或与本合同有关的一切争议，当事人应首先适用国际商会调解规则下的程序解决争议。开始进行国际商会调解规则下的程序不应阻碍任何一方当事人根据以下y条款开始仲裁。（y）凡产生于本合同或与本合同有关的一切争议均应按照国际商会仲裁规则由依据该规则指定的一名或数名仲裁员终局解决。”参见国际商会（ICC）《调解规则》（2014年版）尾部“调解条款”部分。

有可能被认定为具备强制性。尽管已有仲调结合、诉调结合等优良传统，但鼓励发展独立调解的倡议不曾间断。结合《新加坡调解公约》引领的国际发展契机，有法官建议，我国应制定专门的商事调解法并完善调解的配套机制（例如调解执行机制），以发挥调解的优势。[①] 有学者建议，应制定统一的社会调解法，囊括商事调解、行业调解、人民调解等调解方式。[②] 也有学者建议，应当将商事调解作为一种独立的调解机制，从目前的诉讼与调解相结合、仲裁与调解相结合中剥离出去。[③] 目前，贸仲、北仲等仲裁机构都设立了独立的调解中心，《北仲仲裁规则》（2024年版）第44条第1项[④]明确规定了独立调解。中国的独立调解有较大的发展潜力。

当这些情境发生变化时，中国的裁判者（无论是仲裁庭还是法院）在认定前置条款强制性时的倾向就应当随之转变——因为仲调结合的普遍性、独立调解的可及性、对诉诸正义的权利的保障、对当事人意思自治的解读等因素都随之变化了。

四、形式审查的域外经验与本土建议

（一）对域外潮流的辩证性参考

由于可受理性说和程序性条件说新近成型，中国学者对其引介尚有限。而在这数量有限的研究中，学者基于研究所提出的建议是中国应当采纳可受理性说，并在仲裁机构的仲裁规则中明确规定由仲裁庭来评估可受理性。[⑤] 以下对这种采纳可受理性说的法律借鉴倡议进行探讨。

1. 对方法论的再思考

目前，中国的相关规则中没有可受理性说中的“可受理”概念[⑥]；虽然有“受理”的概念，但其使用场景及含义不同于域外。在中国法上，“受理”可能

---

① 杜军：《我国国际商事调解法治化的思考》，载《法律适用》2021年第1期，第150页。

② 李春瑶：《协同治理视域下社会调解研究》，广西民族大学2022年硕士学位论文，第30-31页。

③ 赵健雅：《我国商事调解制度立法建构》，中南财经政法大学2022年博士学位论文，第192-202页。

④ “案件审理过程中，当事人可以自行和解或者依据《北京仲裁委员会调解中心调解规则》的规定向本会调解中心申请由调解员进行调解。”

⑤ 姜怡欣：《多层次争议解决条款可执行性问题研究》，华东政法大学2023年硕士学位论文，第65页。

⑥ 域外法中，“admissibility”（“可受理性”）也常在证据规则中使用，对应中国法上关于证据的“可采性”“可采用性”概念。

涉及管辖权问题。[①] 虽然在有些案例中当事人试图援用可受理性说的措辞——当事人提出，对方当事人就前置条款提起的相关主张“明显属于仲裁案件受理条件而非仲裁协议无效的法定条件”[②] ——但是，如前所述，如此使用“受理”与中国当下整体法律制度中“受理”相关的规则并非严谨契合，也远非中国实践中的主流。实践中，中国法院几乎都是在管辖权意义上而非仲裁请求的意义上使用“受理”的表述，典型的例子是：“……因此，仲裁庭有权依据该仲裁协议受理案件”[③] 域外的“可受理”和中国的“受理”难以通用。

此外，目前中国的相关规则中也没有程序性条件说中的“程序性条件”“实质性条件”等概念。这两个概念本身也是容易引起歧义的。前置条款和仲裁协议皆属“程序”意义的契约，与“实体”部分的主合同构成明确的区分，即仲裁协议的可分性（separability）、争议解决条款的可分性。在此背景下，讨论前置条款是仲裁协议的“程序性条件”还是“实质性条件”可能引起语义混乱。事实上，美国众多法院在使用这些概念时也不完全是严谨审慎的。如同国际上有学者所批评的，美国法院在判决中经常混用“实质性条件”（“arbitrability”）、“管辖权”（“jurisdiction”）、“可受理性”（“admissibility”）等概念。[④]

研究前置条款时，考虑到仲裁制度起源于西方，提出学习域外法的倡议似乎也是顺理成章的。然而，域外制度不一定与中国实践、中国现有的法律制度相契合。在对异域制度加深认识、辩证思考并祛魅的同时，也应当增强对本土制度的自觉和自信（如前文所述仲调结合即为一种典型的中国特色、“东方智慧”）。

2. 对形式审查论本质的探析

在检验及因应国际上的可受理性说、程序性条件说等潮流时，应予研究的对象不仅是其制度如何、是否要借鉴该具体的制度，还有其制度内涵、法律意

---

① 例如，《仲裁法》第4条规定，“……没有仲裁协议，一方申请仲裁的，仲裁委员会不予受理”。

② 难以验证该当事人是否参考了域外理论，还是巧合地、自发地基于对中国法的理解提出了相关主张；该案中，法院未对“受理条件”予以置评。参见滦平县某矿业有限责任公司、承德某房地产开发有限公司申请确认仲裁协议效力案，河北省承德市中级人民法院（2019）冀08民特52号民事裁定书。

③ 参见吴某某等非与执行审查案，北京市第三中级人民法院（2021）京03执异553号执行裁定书；龚某某与周某某等申请撤销仲裁裁决案，北京金融法院（2021）京74民特114号民事裁定书等。

④ See Jason Rotstein, Before ending the case: Disassembling jurisdiction and admissibility in BG v. Argentina, 51 Georgetown Journal of International Law 81, 100-102 (2019). See also Jan Paulsson, Jurisdiction and Admissibility, Global Reflections on International Law, Commerce and Dispute Resolution: Liber Amicorum in honour of Robert Briner 601, 609-610 (2005).

义。以上已明确了不需要机械借鉴可受理性说或程序性条件说，以下论述是否参考、借鉴它们的本质。

可受理性说和程序性条件说的法律效果是一致的——前置条款不影响仲裁庭的管辖权，法院对于仲裁庭关于前置条款的决定仅做形式审查。它们的立论基础也是一致的——核心在于当事人意思自治原则。其中蕴含的当事人意思包括：偏好仲裁、排除诉讼，不轻易否认仲裁庭的管辖权，不轻易引入司法干预，注重效率等。

具体而言，首先，仲裁协议具有“仲裁而非诉讼”的强有力的排除效力，可明确地表达当事人不选择诉讼的意愿；这种排除效力不因前置条款而改变。当事人约定了前置条款不意味着当事人因此而摇摆于诉讼和仲裁之间。前文分析已示，前置程序不具有裁判（adjudication）性质。在多层次争议解决条款的最后一层，当事人约定的仲裁或者诉讼条款反映的是当事人对于裁判（adjudication）方式的选择、在仲裁和诉讼之间的选择——一种非此即彼的选择。仲裁庭的管辖权来自多层次争议解决条款最后一层的仲裁协议，而非之前层次的前置条款。

为揭示当事人真意，可从一个中国案例出发，进行追问和演绎。案例中，前置条款约定为“如果协商未果，则任何一方有权在该争议发生后60天内，将争议提交……仲裁”。[①] 案涉当事人主张，提起仲裁之时距离争议发生之时已经超过60日，应认定仲裁协议无效或已失效。法院认为，“60日内”约定，究其本意，意在督促双方尽早解决纠纷，不是使超过60日提起仲裁的权利归于消灭。以此案例为出发点进行演绎，可以追问的是：当事人约定“60日内”所欲达到的效果是什么？假设当事人意在使60日内提起的请求通过仲裁解决、60日后提起的请求通过诉讼解决，那么可以认定该前置条款意在限制仲裁庭的管辖权——然而这种假设通常是不成立的。[②] 更为合理的解释是，如同该案法院所论，当事人意在通过60日的时限促进争议尽快解决，而仲裁协议本身并不因前置条款无效或失效。

---

① 陈某某等与宿迁某创业投资中心（有限合伙）等申请撤销仲裁裁决案，北京市第四中级人民法院（2018）京04民特146号民事裁定书。

② Jan Paulsson, Jurisdiction and Admissibility, Global Reflections on International Law, Commerce and Dispute Resolution: Liber Amicorum in honour of Robert Briner 601 (2005).

由仲裁协议直接表达的“仲裁而非诉讼”的意思还能间接反映当事人的一种倾向——尤其是考虑到在此语境下当事人还约定了前置条款——可以合理地推定当事人有避免诉讼程序的意图、有偏好替代性争议解决机制之倾向。如果前置条款使法院得以实质、深入地干预仲裁庭（通过对仲裁庭的管辖权存在与否进行实质审查），这将是对当事人意思的违背。

另外，可以推定当事人有意通过仲裁机制一站式（one-stop）地解决争议（受限于仲裁庭明显失职或仲裁机制显著失灵时受到的司法监督）。考虑到当事人在仲裁协议中常采用的概括授权①、众多仲裁机构规则对仲裁庭广泛裁量权的授予等因素，当事人选择仲裁机制、仲裁机构及其机构规则的行为可以反映当事人对仲裁庭的授权是宽泛的——包括由仲裁庭全权决定前置条款相关的问题。②

这也符合仲裁当事人所追求的效率目标。如果前置条款确定不影响仲裁庭的管辖权，则可免去诸多潜在的平行程序、申请确认仲裁协议效力之诉、基于管辖权事由提起的申请撤销仲裁裁决之诉和申请不予承认和执行仲裁裁决之诉等。效率价值还可在仲裁庭执行前置条款时体现出来。由于仲裁庭的管辖权不受限于前置条款，仲裁庭可以中止仲裁程序以执行前置条款（被中止的仲裁程序可以在前置条款满足后再恢复）——英国法院和瑞士法院所采用的方法。③仲裁庭也可以考虑在进行仲裁程序的同时指引当事人尝试前置程序。无论如何，仲裁庭不必因自身欠缺管辖权而被迫终结仲裁程序，使已进行过的组庭等程序成为徒劳。

这些立足于当事人意思自治原则的价值演绎在中国也言之成理。可受理性说和程序性条件说的制度内核——对前置条款进行有限的、形式意义的司法审查——有理由为中国所参考借鉴。

---

① 例如，实践中常见的“由本合同引起的或与本合同相关的所有争议……均应提起仲裁”。

② See Footprint Power Salem Harbor Dev., L. P. v. Iberdrola Energy Prods., Inc., 651963/2018, N. Y. Sup. Ct. May 1, 2018; Henry Schein, Inc. v. Archer and White Sales, Inc., 139 S. Ct 524 (2019).

③ See Ohpen Operations UK Limited v. Invesco Fund Managers Limited [2019] EWHC 2246 (TCC)，案例检索自 Thomson Reuters Practical Law 数据库，https://legal.thomsonreuters.com/en/products/practical-law，最后访问于 2025 年 7 月 30 日。NWA & FSY v. NVF, RWX & KLB [2021] EWHC 2666 (Comm). See also BGer. 4A_ 628/2015 of 16 March 2016, ASA Bull. 4/2016，案例检索自 UK Courts and Tribunals Judiciary 数据库，参见 https://www.judiciary.uk/. See also BGer. 4A_ 628/2015 of 16 March 2016, ASA Bull. 4/2016，最后访问于 2025 年 7 月 30 日。

3. 形式审查论与中国实践

笔者统计了中国法院在33个案例中的59个审查依据[①]，试图总结中国法院审查路径中的规律。统计发现，法院采取实质审查的比例为27.1%，采取形式审查的比例为72.9%。

采取实质审查时，法院论理中的强调点包括三类：(1) 前置程序已经完成(例如已经进行协商且协商期限已满)，占比10.1% (6/59)；(2) 依据《复函》的逻辑，前置条款可以“视为”已经满足（前置条款约定不明且当事人已经提起仲裁），占比13.6% (8/59)；(3) 前置条款不符合具备强制性的条件(例如欠缺期限约定)，因此不需要满足，占比3.4% (2/59)。

采取形式审查时，法院的落脚点在于案涉仲裁协议是合法有效的；暗含的逻辑是仲裁庭有管辖权，前置条款未能触发实质审查的审查事由，不需要问前置条款是否已满足之类的问题。具体处理方式包括三种：(1) 仅指明仲裁协议合法有效，占比22.0% (13/59)。(2) 指出前置条款不是导致仲裁协议无效的理由。其中，以法律规定为依据[②]的占比27.1% (16/59)，以当事人约定[③]为依据的占比18.6% (11/59)。[④] (3) 指出当事人在仲裁中未提出相关异议（可视为已经弃权或者接受了仲裁庭的管辖权)，占比5.1% (3/59)。

以上统计表明在中国现有的实践中，法院大体上就前置条款相关问题采用了形式审查的方法。这与中国关于仲裁司法审查的整体制度体系——包括仲裁司法审查中的案件报核等制度及其所蕴含的司法谦抑性和审慎态度[⑤]等——是一致的。这也意味着如果中国要采用国际潮流中的形式审查论，所需做出的改变不会是颠覆现状的变革，而是在现有基础上渐进式的延续。

---

① 如果同一案中法院采用了多个审查依据，每个审查依据都分别统计。

② 例如，“自行协商虽系解决民事纠纷的可选路径，但并非法定的仲裁前置程序”“我国现有仲裁相关的法律、法规、司法解释并未规定约定‘协商解决’为申请仲裁的前置程序”等。参见某国际信托股份有限公司、梁某某、陈某某国内非涉外仲裁裁决执行审查案，广东省江门市中级人民法院(2020)粤07执异11号执行裁定书；三亚某信息科技有限公司与海南某旅业股份有限公司申请撤销仲裁裁决案，海南省海口市中级人民法院(2018)琼01民特130号执行裁定书等。

③ 例如，从约定中“不能得出双方将协商解决争议作为仲裁协议生效条件的结论”；当事人“未明确若未协商即不能申请仲裁之意思表示”等。参见某基金管理有限公司与深圳市某装饰股份有限公司申请确认仲裁协议效力案，北京市第四中级人民法院(2018)京04民特225号民事裁定书；龚某某与周某某等申请撤销仲裁裁决案，北京金融法院(2021)京74民特114号民事裁定书等。

④ 难以明确是基于约定还是基于法定的（如“协商解决不是提起商事仲裁的前置条件”），在此处统计为法定。

⑤ 参见李炫达、许素萍：《不服仲裁裁决司法审查的谦抑性》，载《人民司法（案例）》2019年第35期，第59页。

（二）完善前置条款相关规则的实务建议

1. “灰色地带”及其成本

总体而言，前置条款所隐喻的法律风险较小。一则，在认定前置条款的强制性时，“高门槛”的谨慎态度是当下的中国特殊性；二则，在对前置条款相关问题进行司法审查时，大部分中国法院采取了形式审查。然而，无论是“高门槛”的保守态度还是形式审查都并非基于法律等规则的明确规定。这意味着前置条款仍然处在“灰色地带”。

“灰色地带”有诸多表征。针对前置条款，有律师的观点是，应当基于诚信原则，遵守前置条款，并留存相关证据。[①] 实践中，仲裁机构、律师、当事人的实践也印证了前置条款尚处于“灰色地带”。前置条款的“被执行”事实上是有的，只是并非严格意义的“强制”——有些仲裁机构会建议当事人先行完成前置条款，比如，由当事人发起协商或调解，在对方不积极配合协商或调解时，至少等待协商期或调解期的完成（在有些情形下，这可能涉及临时措施的使用等）。有些仲裁机构会要求当事人在提起仲裁时签署风险承诺书，承诺自行承担因前置条款未满足而产生的风险（这也可能间接促使当事人尝试完成前置条款）。[②]

这些由“灰色地带”而生的风险把控措施实为因规则的不确定性而产生的制度成本。面对前置条款，不仅当事人、律师等相关方难以获得内心的确信和安定性，而且相关方需要承担未知的风险（例如仲裁裁决被撤销的风险、仲裁裁决不被承认和执行的风险等）、花费实质的资源（包括沟通或者等待的时间和启动某项前置程序的时间和金钱等）。规则的明确性将有助于“灰色地带”的拨云见日。

2. 司法层面：确立形式审查规则

中国现行立法中没有针对前置条款的直接规定。无论是域外还是中国，关于前置条款的规则都主要以司法机关发展而形成。在域外，主要体现为判例。[③]

---

① 朱青沙：《多层次争议解决条款在我国商事仲裁中的理解与适用》，载《上海法学研究》2022年第2卷，第199页。

② 朱青沙：《多层次争议解决条款在我国商事仲裁中的理解与适用》，载《上海法学研究》2022年第2卷，第199页。

③ 包括英美法系国家的判例法和传统大陆法系国家（比如德国、法国、瑞士等）的判例。虽然大陆法系国家的判例并非严格意义的“法律”，但是其中反映出的规则（及对规则的理解）毫无疑问地经常在司法实践和学理讨论中被作为某种意义的“规则”。

在中国，体现为最高人民法院发布的具有指引意义的文件以及各法院的裁判。

中国目前关于前置条款的规则主要有二：一为前文已提到的最高人民法院于2021年发布的《全国法院涉外商事海事审判工作座谈会会议纪要》，用以明确规定前置条款问题不属于仲裁程序问题；二为前文所述的最高人民法院于2008年发布的《关于润和发展有限公司申请不予执行仲裁裁决一案的审查报告的复函》。这两个规则都没有明确规定前置条款问题不属于仲裁庭管辖权问题，没有明确规定针对前置条款的形式审查规则。

为明确前置条款的相关规则，未来中国的司法机关（例如最高人民法院）在制定关于《仲裁法》的司法解释或者类似于前述纪要、复函的相关指引性文件时，可以直接明确规定“前置条款不影响仲裁协议的效力”“前置条款不影响仲裁庭的管辖权”“仲裁庭有权处理前置条款”“法院对仲裁庭关于前置条款的决定仅做形式审查”等（以上列举的建议，每一条都可表达形式审查论之含义。在相关规则中列举一条或者数条，将取决于规则的繁简安排）。

3. 仲裁机构层面：优化机构规则

仲裁机构的机构规则可以有效引导当事人的行为，影响仲裁案件的推进，且当事人选择仲裁机构之时被推定为一并选择仲裁机构的机构规则（除非当事人有明确相反约定），仲裁机构规则因此通常被赋予当事人意思自治的效果。

《贸仲仲裁规则》在最新版（2024年版）的修订中，新增了第12条第2款[①]，用以专门规定前置条款。该条款第12条第2款的核心规定在于：(1) 默认规则是前置条款，不影响当事人提起仲裁，不影响仲裁委员会仲裁院受理仲裁案件；(2) 除外情形是所适用的法律有明确相反的规定或者仲裁协议有明确相反的约定。

《贸仲仲裁规则》(2024年版) 第12条第2款的优点在于：关于“不影响申请人提起仲裁申请及仲裁委员会仲裁院受理仲裁案件”的规定可以直接解决实践中出现的当事人被要求签署风险承诺书、当事人被仲裁机构要求先行完成前置程序等问题。将“所适用的法律……明确作出了相反规定”作为一种除外情形，顾及了无论是中国法还是域外法在相关领域进行法律调整的可能性。将“仲裁协议对此明确作出了相反规定”作为一种除外情形，贯彻了当事人意思自治原则。

---

① “仲裁协议约定仲裁前应进行协商、调解程序的，可协商、调解后提交仲裁申请，但未协商、未调解，不影响申请人提起仲裁申请及仲裁委员会仲裁院受理仲裁案件，除非所适用的法律或仲裁协议对此明确作出了相反规定。”

这些优点可资其他仲裁机构在未来的机构规则修改中借鉴。另外，或许是因为首开在机构规则中规定前置条款之先河，《贸仲仲裁规则》（2024 年版）第 12 条第 2 款的措辞较为缓和，并未将“前置条款不影响仲裁协议的效力”“前置条款不影响仲裁庭的管辖权”“应由仲裁庭决定前置条款的效力及法律效果”等规定为默认规则。

综上，未来在贸仲的规则更新和其他仲裁机构的规则修改中，可以规定：(1) 默认规则是“前置条款不影响仲裁协议的效力”（或“前置条款不影响仲裁庭的管辖权”，或“应由仲裁庭决定前置条款的效力及法律效果”等）；(2) 除外情形是所适用的法律有明确相反的规定或者仲裁协议有明确相反的约定。

4. 当事人层面：审慎起草前置条款

从《贸仲仲裁规则》（2024 年版）第 12 条第 2 款规定可以看出，当事人的“明确相反约定”可能实质性地影响前置条款的强制性、影响前置条款与仲裁协议有效性（仲裁庭的管辖权有无）之间的关系。

不仅在以第 12 条第 2 款为代表的机构规则中，在现有的法院实践中，当事人的明确约定也被赋予了类似的重要意义。例如，在一个针对一项香港国际仲裁中心仲裁裁决的申请承认和执行案中，广东省广州市中级人民法院认定，“双方并未约定协商程序是提起仲裁的必经前置程序”，因此不予认可当事人对仲裁裁决的异议。[①] 又如，北京市第四中级人民法院认为，“从仲裁协议上述约定内容中，并不能得出双方将协商解决争议作为仲裁协议生效条件的结论”，因此不予采纳申请人提出的前置条款将导致仲裁协议无效的主张。[②]

所谓“明确相反约定”，在此处是指明确约定前置条款与仲裁协议之间的关系；所谓“相反”，即相反于默认规则（前置条款不影响仲裁协议的有效性），即明确约定前置条款的不满足将导致仲裁协议无效，或者仲裁协议不生效，或者仲裁庭无管辖权。就此类“明确相反约定”，有学者举例，“除非前置

---

① 案涉争议解决条款约定为，“……各方应通过友好协商解决。若任何争议无法通过协商解决，则任何一方有权将该争议提交仲裁中心……”某投资有限公司与李某等仲裁裁决申请案，(2014) 穗中法民四初字第 24 号。

② 案涉争议解决条款约定为，“双方协商解决，协商不成应向北京仲裁委员会申请仲裁。”某基金管理有限公司与深圳市某装饰股份有限公司申请确认仲裁协议效力民事裁定书，北京市第四中级人民法院，(2018) 京 04 民特 225 号。

条款已被满足，否则本仲裁协议不得生效、也不得认为仲裁庭有管辖权”。[①] 当事人如果有意使前置条款约束仲裁协议的效力，可以参考该“明确相反约定”，在争议解决条款中对“明确相反”的意思加以明确。

另外，笔者注意到，尤其在有些国际合同中，争议解决条款约定得十分复杂，包含有数个细分条款，且多个细分条款的约定存在冲突。一个案例是，争议解决条款中的第 20.4 条约定，任何一方均可以将争议书面提请争议评审委员会［“either Party may refer the dispute in writing to the DAB (dispute adjudication board) …”］；第 20.2 条约定，争议应当依据第 20.4 条由争议评审委员会裁判［“disputes shall be adjudicated by a DAB in accordance with Sub-Clause 20.4 …”］。这导致在适用时，仲裁庭主要依据第 20.4 条认为“可以”（“may”）表示当事人不欲使前置条款具备强制性；瑞士最高法院主要依据第 20.2 条，认为“应当”（“shall”）表示当事人欲使前置条款具备强制性。[②] 瑞士最高法院还指出，第 20.2 条所言的“依据第 20.4 条”（“… in accordance with Sub-Clause 20.4 …”）将使得第 20.2 条成为第 20.4 条的界定性背景（context），因此效力高于第 20.4 条。尽管笔者认为，从文义上，也可以辩称“依据第 20.4 条”（“… in accordance with Sub-Clause 20.4 …”）将使第 20.2 条服从于第 20.4 条，并使第 20.4 条优先于第 20.2 条。总之，如此的争议解决条款冗长繁复且似无必要。中国当事人应当避免起草或签署该等争议解决条款。

五、结语

通过对前置条款强制性的辨析，可以识别出认定前置条款是否具备强制性的条件包括明确、具体、客观、可操作的履行标准，前置条款中的措辞及其语义，当事人的良好善意等。通过对前置条款强制性认定的中外比较及中国情境分析，可以发现前置条款强制性认定的中国特殊性，以及这一特殊性背后的深层逻辑。关于前置条款强制性与仲裁庭管辖权之间的关系，域外的可受理性说、程序性条件说和中国的理论和实践都指向了前置条款无损仲裁庭管辖权、法院

---

① “This arbitration agreement shall not take effect, and no arbitral tribunal shall have any authority or jurisdiction, until specified pre-arbitration procedural requirements have been satisfied.” Gary B. Born, International Commercial Arbitration (third edition), Kluwer Law International, 2020, p. 999-1000.

② See BGer. 4A_ 124/2014, ASA Bull. 2014, pp. 826-848. 转引自 Domitille Baizeau, Multi-tiered and Hybrid Arbitration Clauses, Chapter 18 in Manuel Arroyo (ed.), Arbitration in Switzerland: The Practitioner's Guide (Second Edition), 2018, pp. 2781-2797.

仅对此做有限的形式审查的发展方向。

分析可得的启示是，在实务层面，司法机关应确立形式审查规则，为前置条款的适用提供坚实的司法保障；仲裁机构应积极优化仲裁规则，以适应前置条款相关实践的发展需求；当事人应审慎起草前置条款，在订立前置条款时对中外差异有所认知，在中国特色实践的前提改变时随之应变。

在前置条款被更加深入地理解的同时，协商、调解等替代性争议解决机制将更加规范地得以致用并各司其职。通过对域外理论和实践的“知其然”并“知其所以然”，中国的商事主体和法律人共同体将得以更好地参与国际社会，并推动中国的涉外法治建设和国际融通。

（责任编委：付智星①）

① 中国国际经济贸易仲裁委员会上海分会职员。

立法研究

地方立法赋能商事仲裁的融合路径与发展策略

李 涛*

摘 要：党的二十届三中全会为商事仲裁改革指明方向，《中华人民共和国仲裁法》（以下简称《仲裁法》）修订等商事仲裁制度建设有序推进。2023 年《中华人民共和国立法法》修改后，地方在“仲裁非基本制度”“基层治理”等领域获得立法空间。上海、海南、北京积极开展地方商事仲裁立法实践，分别出台或正在制定相关法规，在优化仲裁环境、创新仲裁机制等方面成效显著。地方立法与商事仲裁在地域和功能上高度契合，地方立法与商事仲裁的融合路径在于地方立法可以凭借法定刚性和权威性，从完善仲裁内部治理结构、规范仲裁程序、维护仲裁员独立性等方面，解决商事仲裁实践中的问题，提升其公信力。地方立法与商事仲裁的融合路径属于“术”的层面，“道”的层面则是准确定位，两者的融合发展策略，考量在对接国际规则与服务基层治理、区域立法差异协调、立法干预尺度平衡、立法全流程评估等方面予以深化。

关键词：地方立法　商事仲裁　仲裁改革　社会治理　非诉讼纠纷解决机制

一、地方立法与商事仲裁的“双向奔赴”

党的二十届三中全会通过的《中共中央关于进一步全面深化改革、推进中国式现代化的决定》（以下简称《决定》）指出，要“深化律师制度、公证体制、仲裁制度、调解制度、司法鉴定管理体制改革”“健全国际商事仲裁和调

---

* 李涛，江苏扬州市人大常委会法工委备案审查处处长，法学博士，经济师。

解制度，培育国际一流仲裁机构、律师事务所”。[①] 为进一步深化商事仲裁改革、推进中国式商事仲裁现代化提供了行动指南和根本遵循。《决定》在阐述进一步全面深化改革的原则时指出，要“坚持以制度建设为主线，加强顶层设计、总体谋划，破立并举、先立后破，筑牢根本制度，完善基本制度，创新重要制度”“坚持全面依法治国，在法治轨道上深化改革、推进中国式现代化，做到改革和法治相统一，重大改革于法有据、及时把改革成果上升为法律制度”。[②] 这就要求深化仲裁制度改革，要以制度建设为主线。法律是治国之圭臬，完善现有的仲裁法律法规，是制度建设中的重中之重。《仲裁法》修改列入了全国人大和国务院2024年度立法计划，《仲裁法（修订草案）》经国务院常务会议审议通过后，2024年11月4日，《仲裁法（修订草案）》提请全国人大常委会会议首次审议，并于11月8日公布公开向社会征求意见，得到社会各界广泛关注，进一步凝聚了立法共识。[③] 2025年全国“两会”的全国人大常委会工作报告指出，将“围绕加强涉外领域立法，修改海商法、对外贸易法、仲裁法”。[④] 彰显国家层面深化仲裁制度改革，在“加强顶层设计、总体谋划”方面的积极作为。2025年4月27日至30日，十四届全国人大常委会第十五次会议第二次审议《仲裁法（修订草案）》。

梳理另一脉络，党的十八大以来，随着全面推进依法治国战略部署的实施，改革和完善地方立法体制被提上了党中央的重要议事日程。2013年11月12日，党的十八届三中全会提出，“逐步增加有地方立法权的较大的市数量”。[⑤] 此后，启动修改《中华人民共和国立法法》（以下简称《立法法》）的进程。2014年10月23日，党的十八届四中全会提出：“明确地方立法权限和范围，依法赋予设区的市地方立法权。”[⑥] 为落实党的十八届四中全会关于“依法赋予设区的市地方立法权”的精神，2015年3月15日，第十二届全国人大第三次会议修正

---

① 《中共中央关于进一步全面深化改革、推进中国式现代化的决定》，载《人民日报》2024年7月22日，第1版。

② 《中共中央关于进一步全面深化改革、推进中国式现代化的决定》，载《人民日报》2024年7月22日，第1版。

③ 《广泛听取 积极采纳 法工委公布近期法律草案公开征求意见情况》，载中国人大网，http：//www.npc.gov.cn/npc/c2/c30834/202504/t20250425_444893.html，最后访问于2025年5月20日。

④ 《全国人民代表大会常务委员会工作报告（摘要）》，载《人民日报》2025年3月9日，第3版。

⑤ 《中共中央关于全面深化改革若干重大问题的决定》，载《人民日报》2013年11月16日，第1版。

⑥ 《中共中央关于全面推进依法治国若干重大问题的决定》，载《人民日报》2014年10月29日，第1版。

的《立法法》第72条第2款明确规定："设区的市人民代表大会及其常务委员会根据本市的具体情况和实际需要，在不同宪法、法律、行政法规和本省、自治区的地方性法规相抵触的前提下，可以对城乡建设与管理、环境保护、历史文化保护等方面的事项制定地方性法规……"2023年3月13日，第十四届全国人民代表大会第一次会议通过《关于修改〈中华人民共和国立法法〉的决定》，对《立法法》进行第二次修正。修正后的《立法法》第11条将过去只能制定法律的事项"仲裁制度"修改为"仲裁基本制度"。同时，《立法法》第81条将过去设区的市地方立法涉及的事项"城乡建设与管理、环境保护、历史文化保护"修改为"城乡建设与管理、生态文明建设、历史文化保护、基层治理"。依据这一规定，未来地方立法可以在"仲裁非基本制度""基层治理"领域寻找与商事仲裁可能的融合点，以法治形式赋予商事仲裁更高的法定权威性和公信力，促进商事仲裁高质量发展。

二、地方立法与商事仲裁融合的实践探索

2023年《立法法》第二次修改后，上海、海南、北京充分利用地方在"仲裁非基本制度"领域的立法契机，积极探索商事仲裁地方立法实践。例如，位列2021年"全球最受欢迎仲裁地"第八位①的上海市率先抓住"新修改的《立法法》将法律保留事项中的'仲裁制度'修改为'仲裁基本制度'，为仲裁地方立法释放了一定空间"② 这一契机，于2023年12月1日正式施行《上海市推进国际商事仲裁中心建设条例》，开地方立法与商事仲裁深度融合之先河。该条例对仲裁发展意义重大，通过优化仲裁发展环境，有力推动了仲裁业务对外开放。例如，上海市人民政府可以依据《上海市推进国际商事仲裁中心建设条例》进行统筹协调，各部门协同落实推进工作，为仲裁业务开展提供坚实保障；优化财政资金投入机制，为仲裁机构的稳健运营提供资金支持，助力其不断发展壮大。在加强机构和人员队伍建设方面，该条例规范上海市仲裁机构管理的同时，赋予其一定自主权，激发了仲裁机构的创新活力；鼓励运用新兴信息技术建设智慧仲裁，提升了仲裁服务的效率与质量；支持聘请境外专业人士、设

---

① 李思颖：《上海首次跻身全球十大最受欢迎国际仲裁地》，载《中国交通报》2022年3月15日，第3版。

② 吴坚勇：《关于〈上海市推进国际商事仲裁中心建设条例（草案）〉的说明——2023年9月25日在上海市第十六届人民代表大会常务委员会第六次会议上》，载《上海市人民代表大会常务委员会公报》2023年第10期。

立境外分支机构，推动了仲裁业务的国际化进程；完善仲裁员聘任管理等机制，推进仲裁秘书职业化专业化建设，为仲裁工作提供了专业人才支撑。支持实行符合国情与国际接轨的收费制度和报酬体系，设立仲裁事业发展基金等，从多方面保障了仲裁机构的稳定运营与发展。此外，该条例允许境外知名仲裁及争议解决机构经登记备案在上海市设立业务机构开展涉外仲裁业务，同时优化设立登记程序，进一步丰富了上海的仲裁资源，提升了其在国际商事仲裁领域的影响力。在推进仲裁机制创新方面，支持上海市仲裁机构制定与国际通行规则接轨的仲裁规则，保障仲裁庭独立办案，完善相关程序和制度，支持开展专业仲裁服务品牌建设。按照国家部署探索特定领域临时仲裁，鼓励仲裁机构提供协助组庭等服务；明确仲裁前和仲裁中当事人申请保全措施及仲裁庭请求法院支持调查取证的相关规定，加强对虚假仲裁的防范和处理，全方位提升了仲裁的专业性、公正性与公信力。在强化监督与保障层面，该条例明确上海市人民法院对相关仲裁案件的司法审查范围，市司法行政部门对仲裁工作的指导监督措施，仲裁机构和境外仲裁业务机构的内部监督和信息公开要求，仲裁行业协会的自律监督职责；支持相关区域完善仲裁机构空间布局，鼓励区政府等制定促进政策；支持仲裁机构与法院等信息系统对接，构建起了一套完整的监督保障体系，确保仲裁工作依法依规、公正透明地开展。从机构培育、人员建设、机制创新到监督保障，该条例全方位构建了推进国际商事仲裁中心建设的体系，尤其在临时仲裁探索、境外机构准入等方面的明确规定，为上海打造亚太仲裁中心奠定了坚实基础。

《海南自由贸易港国际商事仲裁发展若干规定》于2024年7月1日正式施行，为该地区“打造国际商事纠纷解决‘优选地’”带来诸多积极影响。① 该规定以立法形式对临时仲裁作出规定，明确在海南自由贸易港注册企业间，与国外及港澳台企业间的商事纠纷可进行临时仲裁，赋予了当事人更大的自由选择权。当事人可约定仲裁员人数、选定程序，自行制定或约定仲裁规则等，使得仲裁过程更贴合当事人需求，极大地提升了仲裁的灵活性。同时，规范名册外仲裁员选择，提前披露信息并获海南省仲裁协会确认，保障了仲裁员选择的公正性与透明度。发挥海南省仲裁协会作用，为临时仲裁提供相关服务等，进一步完善了临时仲裁的服务体系。加大司法支持力度，人民法院依法支持和监

① 邢东伟、翟小功：《打造国际商事纠纷解决“优选地”》，载《法治日报》2024年6月18日，第6版。

督仲裁，优化司法审查工作机制，确保了仲裁裁决的权威性与执行力。作为国内率先以自由贸易港法规形式对临时仲裁作出的规定，它为经营主体提供了与国际接轨的仲裁服务。因其具有快速、高效、私密、成本低等特点，在解决跨国纠纷方面，与部分传统纠纷解决方式相比，其跨境执行力及国际公信力表现更具优势，有力推动了海南自由贸易港国际商事仲裁的发展，提升了其在国际仲裁领域的地位。2025 年 2 月 27 日，海南自由贸易港首例涉外临时仲裁案件在洋浦开庭。新加坡某公司与海南某公司的合同纠纷，经海口海事法院洋浦法庭宣传推介，双方变更仲裁约定，适用《海南自由贸易港国际商事仲裁发展若干规定》关于临时仲裁的规定，选择海南自由贸易港临时仲裁。[①]

位列 2024 年“全球最受欢迎仲裁地”第四位[②]的北京市，正积极推进《北京国际商事仲裁中心建设条例》立法。[③] 2023 年 10 月由北京市司法局启动立法调研，2024 年 11 月，北京市十六届人大常委会第十三次会议一审草案，并于 2025 年 6 月进行二审，即将出台。从草案内容来看，法规致力于推动北京打造国际商事仲裁高地，对商事仲裁发展作用显著。通过优化仲裁发展环境，吸引国内外优质仲裁资源集聚，为北京仲裁事业注入新的活力。加强仲裁机构建设，提升其国际影响力和竞争力，有助于北京在国际商事仲裁舞台上占据更重要地位。创新仲裁机制，探索符合国际惯例的仲裁规则和程序，能够提升仲裁效率与公正性，更好地满足商事主体的需求。强化仲裁人才培养，打造国际化、专业化的仲裁人才队伍，为仲裁工作提供坚实的人才保障。加强仲裁与司法的衔接，保障仲裁裁决的有效执行，增强了仲裁的权威性。[④]这些举措无疑会助力北京在国际商事仲裁领域发挥更大作用，为国内外商事主体提供更优质的纠纷解决服务，进一步优化营商环境，推动北京仲裁事业迈向新的高度。

---

① 邢东伟、翟小功：《海南自由贸易港首例涉外临时仲裁案在洋浦开庭》，载《法治日报》2025 年 3 月 1 日，第 2 版。

② 《北京在全球最受欢迎仲裁地排名中再创新高》，载北京市人民政府网站，https：//www. beijing. gov. cn/ywdt/gzdt/202504/t20250417_ 4067888. html，最后访问于 2025 年 5 月 20 日。

③ 李立家、李夏：《北京国际商事仲裁中心建设立法相关问题研究》，载《中国法治》2025 年第 1 期，第 88 页。

④ 《关于公开征求对〈北京国际商事仲裁中心建设条例（草案）〉的意见》，载北京市人民代表大会常务委员会网站，https：//dblz. bjrd. gov. cn/comment/detailDraft/info-5f70ad51e1f34020a16ef1232614ad48. html，最后访问于 2025 年 6 月 13 日。

三、地方立法与商事仲裁的融合路径分析

地方人大及其常委会行使立法权所制定的地方性法规，是中国特色社会主义法律体系的重要构成部分，属于我国正式的法律渊源。依据《最高人民法院关于裁判文书引用法律、法规等规范性法律文件的规定》（法释〔2009〕14号），地方性法规在刑事、民事、行政审判中可作为审判依据直接引用，具备法定的刚性约束力。商事仲裁隶属于民事审判范畴，表明地方性法规可以成为仲裁裁决的适用依据。从法律视角看，2015年修改《立法法》赋予设区的市的人民代表大会及其常务委员会制定地方性法规的权力；此前，直辖市和省、自治区人民政府所在地的市均已获得地方立法权。《仲裁法》第10条第1款规定："仲裁委员会可以在直辖市和省、自治区人民政府所在地的市设立，也可以根据需要在其他设区的市设立，不按行政区划层层设立。"这使得地方立法主体和仲裁委员会的设立在地域上有耦合性。地方人大及其常委会在地方立法中处于主导地位，可以有效发挥其制度优势，在深度洞悉本地经济社会发展需求基础上，基于当地商业习惯和纠纷特点，确保立法内容反映仲裁实际情形与各方利益诉求，从而制定出更具针对性、适应性的法规性仲裁规则，与现有《仲裁法》形成互补的商事仲裁制度体系。一方面，凭借地方立法的法定刚性约束力，地方立法能够有效弥补商事仲裁在实践中的不足，增强商事仲裁的公信力；另一方面，地方立法通过与商事仲裁有机融合，推动地方立法创新，能够更好地激活地方立法活力。同时，地方人大及其常委会对自身出台的地方性法规实施情况开展监督，定期检查法规在实际应用中的成效，针对发现的问题及时修正完善，能够保障地方立法对商事仲裁支持的有效性、及时性和权威性。当前，商事仲裁实践仍存在一些问题亟待解决，而地方立法基于正确的发展策略考量，恰能成为解决这些问题的有效路径。

（一）完善仲裁内部治理结构

商事仲裁运作规则体系主要由《仲裁法》、仲裁机构自主制定的仲裁规则以及内部工作规则构成。其中，内部工作规则的制定往往以效率优先为导向，围绕保障商事仲裁常态化、高效化运行展开制度设计。这种追求效率的思维方式，容易陷入顾此失彼的困境，在实践中衍生出公平正义被弱化的潜在风险。具体而言，仲裁机构内部决策、执行和监督机制难以实现真正意义上的有效制衡。从现实情况看，委员会决策职能逐渐虚化，执行机构的权力却不断扩张，

二者权力的失衡难免对仲裁的公正性与透明度造成威胁。仲裁权的全面监督是仲裁公信力得以“维系”的关键所在。[①] 一旦仲裁机构缺失行之有效的监督体系，对仲裁员行为和裁决过程缺乏必要且有力的监管，部分仲裁员可能因缺乏约束而违反职业道德规范；更令人担忧的是，这些违规行为不易被及时察觉和纠正，容易侵蚀商事仲裁的公信力根基，动摇市场主体对仲裁制度的信任。

通过立法引导仲裁机构构建包容性与规范性兼备的内部治理制度，有助于优化仲裁内部治理结构。具体操作上，可将地方仲裁机构制定的内部工作规则转化为具有法律效力的法规规定，或者授权仲裁机构制定配套措施，赋予内部工作规则法定刚性约束力。借助法规的刚性约束力，确保商事仲裁的决策、执行、监督各环节都能在法治轨道上有序运行。由此，不仅能够提升仲裁机构内部管理的规范性，更能强化其公正性和法定权威性，保障市场主体对商事仲裁制度的信心，推动商事仲裁事业在规范有序的环境中稳健发展。

（二）规范仲裁程序

仲裁程序的公正性是仲裁公信力的重要保障，而仲裁程序中出现的瑕疵，如送达、审限、庭审等环节的问题，会对仲裁公信力造成损害。各地仲裁机构程序规则基于《仲裁法》规定，内容大致相同，但也存在差异。一些不够明晰的规则会导致仲裁过程中当事人和仲裁员对程序理解和适用不一致。此外，即便有明确程序规则，实际执行中可能因各种缘由（特别是程序规则不具有法定刚性约束力）未能严格遵循，影响仲裁公正性。地方立法依据本地实际，采取公正立场，结合本地商业活动特点和纠纷类型，能够推出更具针对性、法定性的仲裁程序规则，规范本地仲裁机构的基本程序。例如，对涉及多方主体、多层法律关系或较长时间跨度的案件，以及存在多个关联合同、多方交叉权利义务关系的案件，或者新兴领域、未来领域的案件，地方立法可授权仲裁机构制定证据交换、证据提交期限、质证流程、文书送达细则，并明确以“底线规则+弹性机制”为细则的制定原则，既避免程序模糊引发争议，又为仲裁庭和当事人保留根据案情灵活调整的空间，既能保持并发挥仲裁高效、灵活的优势，还能防范地方仲裁程序规则与诉讼程序过度脱节，导致当事人对仲裁程序公平性产生质疑的风险。文书送达是仲裁程序关键环节，但诸如送达不及时、送达

---

① 北京市高级人民法院民二庭课题组刘双玉、吴献雅等：《完善仲裁公信力提升机制若干问题研究——以北京地区仲裁司法审查案件为分析样本》，载《法律适用》2022年第11期，第135页。

方式不规范等问题，易使当事人无法及时行使权利，影响仲裁程序正常推进。而若地方立法对送达方式（如电子送达、公告送达）规定过细，法院在司法审查时严格对照标准，又会导致仲裁裁决因程序瑕疵被撤销（如未完全符合法定送达方式）。鉴于此，地方立法亦可授权仲裁机构制定送达细则，并在法规中明确“实质送达”标准，维护仲裁的效率性特点。即只要当事人实际知悉或应合理知悉仲裁文书，即使程序存在轻微瑕疵，也不应轻易否定送达效力。同时，引导法院在审查时采取“实质影响标准”，即仅当程序瑕疵严重损害当事人权利时，才认定送达无效，撤销裁决。

（三）维护仲裁员独立性和公正性

仲裁员的独立性与公正性是构筑仲裁公信力的核心支柱，而职业道德则是确保仲裁员公正履职的坚实保障，这就要求秉持公正、独立原则的仲裁员，在裁决过程中不为任何外部因素所干扰，以专业的素养和中立的立场，确保裁决结果经得起法律与事实的双重检验。然而，商事仲裁领域的利益纠纷往往盘根错节、错综复杂，现实中存在诸多威胁仲裁员独立性与公正性的潜在风险。由于“我国缺乏对仲裁员的自律机制”,① 极少数仲裁员可能因与一方当事人存在未披露的利益关联（如经济往来、业务合作或亲属关系等），在裁决时难以保持绝对中立；也可能受到来自外界的不正当干扰（如权力施压、人情请托等），导致其裁决结果偏离公正轨道。

地方立法在维护仲裁员独立性和公正性方面具有独特的作用。通过制定严格的仲裁员利益冲突回避规范，将利益关联情形进行细致分类与详细列举，涵盖直接利益关系、间接利益关系等多种情形，并授权仲裁机构配套设计严谨的回避程序，从制度层面切断可能影响仲裁公正的利益链条。若仲裁员违反利益冲突回避规定，存在故意或者重大过失，致使当事人遭受经济损失，仲裁机构或相关行政主管部门则可依据情节轻重，给予警告、罚款、暂停执业直至取消仲裁员资格等一系列行政处分，形成强有力的制度约束。对于性质更为恶劣的行为，如仲裁员接受一方当事人贿赂，故意作出不公正裁决，在情节严重的情况下，其行为将突破行政责任范畴，触及刑法红线，构成受贿罪或枉法仲裁罪等刑事犯罪，需接受法律的严厉制裁。通过构建多层次的责任追究体系，地方立法为仲裁员的执业行为划定清晰的边界，有效规范仲

---

① 孙巍：《中国仲裁立法的二元模式探讨》，载《中国法律评论》2022年第3期，第200页。

裁员在裁决过程中的行为，严守独立性与公正性底线，提升当事人对仲裁裁决的信任感。

（四）建设高素质仲裁员、仲裁秘书队伍

专业素养是仲裁员准确、公正裁决案件的基础。但随着商事仲裁需求增长，仲裁员队伍迅速扩充，有些仲裁候选人受其社会地位、人际关系等因素影响，对其专业能力、实践经验和职业道德的考察不够全面和深入，导致我国中小仲裁机构的仲裁员素质参差不齐。① 一些仲裁员审理案件时，对法律理解和应用不准确，裁决书质量欠佳，影响了仲裁公信力。《立法法》第 82 条第 1 款第 1 项规定，地方性法规可以规定“为执行法律、行政法规的规定，需要根据本行政区域的实际情况作具体规定的事项”。基于此，地方人大及其常委会通过制定专项仲裁地方性法规，授权仲裁机构依据《仲裁法》关于选任仲裁员的条款，原则性设定符合本地实际需求的仲裁员准入门槛，明确专业资质要求，并细化规定定期专业培训与考核机制。例如，要求仲裁员在一定周期内完成特定时长的专业课程学习，通过严格考核才能继续履职，促使仲裁员不断提升专业能力，保障裁决质量。仲裁秘书的职业素养和精神面貌是反映仲裁机构服务水准的重要方面。通过仲裁立法，可以推动建立符合仲裁行业特点的秘书队伍分类分级管理制度，健全以品德、能力、贡献为导向的仲裁秘书法定评价机制。

（五）提升裁决执行效率

仲裁裁决的有效执行是维护仲裁制度权威性与终局性的关键环节，更是保障当事人合法权益、维护市场经济秩序的重要支撑。仲裁裁决一旦作出，即具备法律效力。然而，仲裁裁决的执行并非“自动生效”，仍需司法体系中法院的支持与监督。法院对仲裁裁决的审查与执行，犹如为仲裁制度的运转提供“最后一公里”的保障，若这一环节出现问题，整个仲裁机制的效能将大打折扣。

在实践中，部分法院对仲裁裁决的审查、执行工作仍有改进空间。一方面，针对审查标准不统一的问题，不同地区、不同法院对相同或相似的仲裁裁决，可能采用不同的审查尺度，使得当事人难以预测裁决执行的结果。另一方面，一定程度上存在过度审查与审查不严格的现象。过度审查时，法院可能对仲裁程序和实体内容进行超出必要范围的细致核查，导致执行周期延长，增加仲裁

① 谭启平：《论我国仲裁机构的法律地位及其改革之路》，载《东方法学》2021 年第 5 期，第 155 页。

裁决执行难度；审查不严格则可能让存在瑕疵的裁决进入执行程序，损害当事人的合法权益。这些问题让仲裁裁决执行陷入低效率运行状态，削弱了仲裁作为争议解决方式的权威性与终局性。

地方立法在提升仲裁裁决执行效率中可发挥积极推动作用。在制定专门仲裁法规时通过授权，由司法机关和仲裁机构联合制定工作指引，对仲裁裁决的执行、仲裁程序与诉讼程序的衔接等问题作出详细规定，并将工作指引作为法规的配套措施，系统规范法院执行流程、审查细则，形成仲裁与司法相互配合、相互监督的良性互动格局。这样既能保证仲裁与司法在制度层面的有效衔接，又能避免司法权力对仲裁活动的不当干预，以及司法审查过于严格导致仲裁的灵活性受到压制。地方立法还可以规范法院与仲裁机构在执行仲裁裁决上的协作配合。如规定建立联席会议、信息共享平台等，实现仲裁机构与法院系统在执行裁决上的有效衔接。

（六）提升仲裁社会知晓度

社会对仲裁的认知程度对仲裁公信力有着重要影响。近年来，通过仲裁机构不懈的宣传，群众对仲裁的知晓率不断提升，但仲裁有些核心功能社会知晓度并不高。例如，对企业而言，裁判文书公开可能会在一定程度上影响商誉信用，影响企业参与商业合作和交易的机会，还可能造成商业模式、机密等涉及核心竞争力信息的泄露。而不公开审理、保密性强的商事仲裁正是这一问题的破解良药，有些企业对此并不了解。再如，仲裁一裁终局常作为仲裁效率的优势进行宣传，但有企业担心一裁终局制度会使得裁决生效后失去救济途径，可能给企业造成损失。同时，尽管仲裁具有诸多优势，但社会公众对仲裁的了解仍然有限，特别是在基层地区。部分当事人对仲裁程序、仲裁裁决的执行等存在疑虑，导致在选择纠纷解决方式时，更倾向于传统的诉讼方式，限制了仲裁在基层治理中的广泛应用，客观上导致仲裁机构的客户与目标群体更多以商人和公司为主。

地方立法若规定鼓励和支持报刊、广播、电视、网络等媒体开展仲裁公益宣传，向社会广泛宣传仲裁的功能、优势和程序，必然提高市场主体和社会公众对仲裁的了解和认识，让仲裁更加深入人心。

综上，商事仲裁公信力受仲裁机构自身管理不足、仲裁员队伍问题、程序瑕疵以及裁决执行难度等多方面因素影响，存在一定的问题。而地方立法凭借其法定刚性约束力，能够在完善仲裁规则、规范仲裁流程、强化监督等方面与商事仲裁形成互补，助力解决上述问题。仲裁机构则可借助地方立法优势，加强内部治理、提升仲裁员和仲裁秘书素质、完善程序规则、协调与法院在仲裁裁决上的协作，并强化政府、社会对仲裁的支持作用，提升仲裁的法治化水平，确保仲裁的公正性、独立性和权威性。

四、地方立法与商事仲裁的融合发展策略

地方立法与商事仲裁的融合路径仅是从“术”的层面开展的探索，而准确的融合发展策略则是两者融合的“道”。以“道”驭“术”，方能避免“南辕北辙”。即在地方立法与商事仲裁的融合路径中贯穿准确的融合发展策略，方能更好地实现地方立法与商事仲裁的协同融合发展。

（一）立法方向选择：接轨国际通行仲裁规则 VS 服务基层仲裁治理需求

上海、海南等地商事仲裁专门立法实践主要聚焦如何积极借鉴国际先进的仲裁理念、规则和实践经验。例如，临时仲裁、与国际通行仲裁规则接轨等问题。“把非诉讼纠纷解决机制挺在前面”同样是新时代推进社会治理体系和治理能力现代化的重大课题，而“商事仲裁兼有维系社会稳定的社会职能”,[①] 能够服务基层治理需求。实践中，司法资源存在供给侧与需求侧之间的失衡，司法权在化解社会矛盾方面存在不足，导致一些诉讼案件面临久拖不决的困境。相比之下，仲裁作为非诉讼纠纷解决机制重要手段，遵循自愿、独立、公平、合理原则，具有专业、高效、公正、保密、一裁终局、不受地域管辖限制等特点，能够更加积极、主动地适应社会主要矛盾的新变化，有效弥补公力救济的不足，有必要对其在社会治理中的功能和作用加以重视。受我国传统的“厌诉”观念因素影响，“对簿公堂”是公众迫不得已的选择，且现实中“信访不信法”现象在一定程度上仍然存在，由此导致一些社会矛盾积压。社会矛盾如果得不到及时的化解，很可能引发冲突的升级，甚至出现大量的诉讼案件，影响社会稳定大局。在基层治理领域，地方立法与商事仲裁存在诸多可以融合的方面，商事仲裁早已成为诸如“平安建设”“矛盾纠纷多元化解”“优化营商环境”等为主题的地方立法的“常客”，但规定相对原则，或是一带而过，可操作性不强。在地方立法与商事仲裁“双向奔赴”的背景下，一方面，地方立法可助力商事仲裁在基层治理中对接国际仲裁规则。在涉及跨境商业纠纷或具有

---

① 孙巍：《中国仲裁立法的二元模式探讨》，载《中国法律评论》2022 年第 3 期，第 194 页。

涉外因素的基层经济活动纠纷处理时，仲裁依据与国际接轨的规则进行，能提升基层仲裁在国际上的认可度和公信力。比如，在沿海地区，涉及外贸企业与外商的小额贸易纠纷，依据国际通行仲裁规则仲裁，能更好地保障双方权益，促进国际贸易往来，同时也为基层治理中的涉外纠纷处理提供规范依据。另一方面，以立法形式固化商事仲裁实践中“仲裁员+调解员”“网格+仲裁”、诉裁衔接等仲裁参与基层治理的经验模式。例如，在“仲裁员+调解员”模式中，优选仲裁员作为社会治理的调解员，对发生的商业纠纷先介入调解，若调解不成，仲裁员可依据法律和事实依法快速仲裁，提高纠纷解决效率。在“网格+仲裁”模式中，网格员深入基层收集纠纷信息，将适合仲裁的案件引导当事人签订仲裁协议并及时移送仲裁机构，充分发挥仲裁专业高效优势，解决基层合同纠纷、邻里财产纠纷等基层社会治理事项，切实将仲裁锻造成为“把非诉讼纠纷解决机制挺在前面”的“尖兵利器”。例如，江苏扬州市仲裁委秘书处联合扬州市公安局构建“仲裁进警格”暨“仲裁员+派出所”矛盾纠纷化解新模式，截至 2024 年 12 月底，扬州市公安局通过“仲裁进警格”成功调处矛盾纠纷 200 余起，其中合同纠纷近 100 起、债务纠纷 54 起、劳动关系纠纷 32 起、产权纠纷 18 起。[①]

（二）立法重点选择：商事活动活跃区域 VS 经济相对欠发达区域

美国著名文化人类学家、阐释人类学大师和开山者——克利福德 · 吉尔兹指出，“法律就是地方性知识”。[②] 这一观点在地方仲裁立法领域体现最为明显。不同地区经济社会发展水平不一，对地方仲裁立法的需求自然不同。若各地采取“大而全”的立法模式，完全复制《仲裁法》规定，势必导致地方仲裁立法的同质化，且由于与地方经济社会发展不匹配，易使法规缺乏适用性和可操作性。目前，国内仲裁机构众多，由于区域差异，通过立法打造国际商事仲裁中心、培育国际一流仲裁机构的目标，以及与仲裁快速专业化解基层矛盾纠纷、促进基层社会治理的目标应当予以“二元”协调，以适应当地需要、体现地方特色。

在商事活动活跃、经济发达地区，如北京、上海、广州、深圳等地，国际

---

① 参见杨青春、裴雨、赵双月：《化解纠纷“呼叫”仲裁员“支援”，高效！》，载《人民公安报》2025 年 1 月 8 日，第 3 版。

② ［美］克利福德 · 吉尔兹：《地方性知识：事实与法律之间的比较透视》，邓正来译，载《法律的文化解释》，生活 · 读书 · 新知三联书店 1994 年版，第 127 页。

经贸往来频繁，跨国商事纠纷的数量和复杂程度不断攀升。这些地区的仲裁地方立法，可将重点放在国际商事仲裁领域，在遵循《仲裁法》的基础上，为国际商事仲裁提供更加开放、便利的法律环境，积极参与国际仲裁市场竞争，以法治力量引导国内外当事人选择其作为仲裁机构。以新加坡为例，新加坡通过立法建立了高效的仲裁机制，吸引了大量国际商事仲裁案件，成为亚洲重要的国际仲裁中心。[①] 北京、上海、广州、深圳等地以及《立法法》第84条赋予的特殊立法试点的地方，可借鉴新加坡立法经验，允许境外仲裁机构在特定区域设立业务机构，开展涉外仲裁业务。[②] 以海南自贸区为例，通过《立法法》第84条赋予的特殊立法试点，引入国际知名仲裁机构设立分支机构，借助其先进的仲裁管理经验和国际化影响力，提升本地仲裁服务水平，吸引更多国际商事主体选择海南作为仲裁地。同时，完善临时仲裁制度，与国际通行做法接轨。临时仲裁具有灵活高效的特点，能满足国际商事纠纷当事人对仲裁程序自主性的需求。立法还可明确临时仲裁的程序规则、裁决执行等关键问题，填补国内临时仲裁制度的法律空白，增强我国仲裁制度的国际吸引力。此外，加强对仲裁员资格的国际化标准设定，吸引更多国际知名仲裁员参与本地仲裁活动。建立国际仲裁员人才库，定期举办国际仲裁研讨会和培训活动，提升本地仲裁员的国际化水平，打造一支具有国际视野和专业素养的仲裁员队伍，为国际商事仲裁提供坚实的人才保障。

在中西部地区或经济相对欠发达地区，市场经济发育程度相对较低，国际商事活动规模较小，但基层邻里财产纠纷、小微企业合同纠纷等国内民商事纠纷较为常见。这些地区的地方立法则可侧重于服务本地市场，强调仲裁的高效、灵活、便捷，专注于解决基层邻里财产纠纷等国内民商事纠纷，满足当地居民和地方企业的需求。以立法方式推动当地仲裁机构与基层调解组织、社区建立合作机制，构建多元化方式快速解决纠纷。并由地方立法固化这种合作模式，明确各方职责和协作流程。同时，规定简化仲裁程序，降低仲裁成本，提高仲

① 李一鸣：《域外国际仲裁中心的发展经验及启示》，载《中国审判》2019年第6期，第90页。

② 《立法法》第84条规定："经济特区所在地的省、市的人民代表大会及其常务委员会根据全国人民代表大会的授权决定，制定法规，在经济特区范围内实施。上海市人民代表大会及其常务委员会根据全国人民代表大会常务委员会的授权决定，制定浦东新区法规，在浦东新区实施。海南省人民代表大会及其常务委员会根据法律规定，制定海南自由贸易港法规，在海南自由贸易港范围内实施"。有学者认为，仲裁基本制度是全国人大及其常委会"可以对外授权的事项"。参见魏祖贤：《创制性地方授权立法的授权路径与权限边界——以新〈立法法〉第84条为视角》，载《西部法学评论》2023年第6期，第66页。

裁效率。对于标的额较小、事实清楚的民商事纠纷，可采用简易仲裁程序，减少烦琐的文书提交和庭审环节，缩短仲裁周期。在仲裁费用方面，根据案件标的额和复杂程度制定梯度收费标准，对小微企业和低收入群体给予适当减免，让仲裁成为基层群众“用得起、信得过”的纠纷解决方式。

（三）立法深度选择：深度干预还是审慎节制

值得注意的是，地方立法对商事仲裁的介入是一个需要审慎权衡的问题。仲裁作为一种重要的纠纷解决机制，其核心价值在于独立性与私法自治，这不仅是仲裁区别于行政裁决和司法审判的本质特征，更是仲裁制度得以存续和发展的基石。从法理层面来看，地方立法过度干预仲裁机构的日常运营、人员管理和案件处理，极有可能打破仲裁机构运行的平衡状态，使仲裁机构沦为行政机关的附属物，而“独立性和非官方性是仲裁机构实现和保障仲裁私法自治本质的基础和前提，是仲裁机构的必要和根本属性”。[①]

在全球化背景下，国际仲裁市场的竞争越发激烈，仲裁地的选择直接影响着仲裁机构的国际竞争力和吸引力。国际仲裁用户在选择仲裁地时，往往将仲裁机构的中立性、政府干预程度作为重要考量因素。过度的立法干预会让潜在用户对仲裁地的公正性产生质疑，进而降低其在国际仲裁市场中的竞争力。以《深圳国际仲裁院条例》为例，该条例是国内首部以仲裁机构为特定对象的地方人大立法，其制定充分体现了审慎立法的智慧。特别是在减少行政干预方面成效显著，通过创新法人治理机制、明确仲裁独立地位、规范人事财务制度等，既保障仲裁独立性和公正性，又向国际社会展现出包容、开放的胸怀。在仲裁程序细节上，如证据规则、仲裁庭组成的具体流程等方面没有细化，有力维护了仲裁公正性、独立性，对提升深圳国际仲裁院的国际公信力具有有益的促进作用。或许是得益于这种审慎立法、节制立法的模式，深圳在2025年首次成功跻身全球最受欢迎仲裁地，[②] 这一成就不仅彰显了深圳仲裁制度的先进性，更为其他地区的仲裁立法提供了宝贵的实践经验。实践表明，在开展地方仲裁立法时，应秉持“有限干预、详略得当、合理引导、包容开放”的原则。

从立法理念层面，应明确保障仲裁机构的独立性和自主性，通过立法向国际社会传递积极信号，提升国内仲裁机构的公信力。立法机关应认识到，仲裁

---

① 参见姜丽丽：《论我国仲裁机构的法律属性及其改革方向》，载《比较法研究》2019年第3期，第150页。

② 张燕：《深圳首次跻身全球最受欢迎仲裁地》，载《深圳特区报》2025年4月25日，第A2版。

机构只有保持独立，才能真正实现公平公正的裁决，赢得国内外当事人的信任。在立法实践中，应将地方立法介入仲裁机构内部治理、仲裁员选任、仲裁程序、司法审查等仲裁运行机制的边界，严格限定在宏观制度层面，通过“地方立法授权+仲裁机构完善法规配套措施”的模式，既赋予现行仲裁规则以法定刚性约束力，又不使地方仲裁立法成为“职权主义”的产物。例如，在组织架构方面，立法可规定仲裁机构设立独立的监督委员会。该委员会的职责主要聚焦于监督仲裁程序的公正性，确保仲裁活动依法依规进行，但不参与具体案件的仲裁决策，以此保障仲裁员在案件审理过程中的独立性和专业性。同时，明确仲裁员在案件裁决中履职不当的相关责任，提高仲裁队伍质量。对于仲裁员、仲裁秘书的选任，地方立法可原则性地规定基本资质标准和选任原则，并赋予仲裁机构可以根据自身实际情况细化制定自主选聘仲裁员、仲裁秘书的工作规则，保障仲裁机构在人才选拔方面的主体作用，但对培训和建立考核评价机制方面须予以细化。在仲裁程序设定方面，可主要通过法规授权的方式，明确由仲裁机构制定程序细则，既维护仲裁机构灵活、高效的优势，又通过地方立法赋予仲裁程序法定刚性约束力。此外，对于仲裁参与基层社会治理、仲裁事业所需资金保障、开展仲裁宣传、仲裁员和仲裁秘书能力提升等方面，地方立法则可详细规定。在通过立法赋能仲裁参与基层社会治理的同时，亦可为仲裁机构的日常运营和业务发展提供坚实的物质基础、人才基础。

（四）立法评估选择：立法前、中评估立法权限还是立法后评估实施效果

在地方立法实践中，对“仲裁非基本制度”的界限把握存在困难，直接影响到地方仲裁立法的合法性与实效性。依据《立法法》第 11 条对立法权限的明确划分，“仲裁基本制度”属于国家专属立法权范畴，但地方在细化规定时，易因对“非基本制度”的理解偏差，导致地方性法规与《仲裁法》及相关行政法规产生规范冲突。例如，仲裁内部治理结构、仲裁员资格认定等是否属于“仲裁非基本制度”，如果未准确区分“基本制度”与“非基本制度”边界，出现了与国家层面法律在程序衔接、效力层级上的矛盾，不仅削弱了法律体系的统一性，还可能引发仲裁实践中的法律适用混乱。

为有效规避这一风险，地方立法机关需构建全流程、多层次的沟通协调机制。在法规立项阶段，应主动向上一级立法机关提交立法动议，通过书面报告、专题研讨等方式，就立法必要性、可行性及与上位法的兼容性进行充分论证，精准界定“非基本制度”的立法边界。在法规起草过程中，引入专家论证与实

务部门参与机制，邀请仲裁机构、司法机关代表共同研讨条文内容，通过模拟案例推演、利益相关方座谈等形式，提前预判法律冲突点。而在审查环节，建立“双审制”，既由地方人大法制委员会、法制工作委员会对法规草案进行合法性审查，又主动提请上级立法机关开展同步合规性复核，从源头上杜绝与上位法抵触的隐患。同时，按照《立法法》第 81 条规定，“法律对设区的市制定地方性法规的事项另有规定的，从其规定”，以《仲裁法》修订为契机，在《仲裁法》中增加对设区的市制定地方性法规权限范围的授权条款。如，在《仲裁法》中增加“临时仲裁、仲裁员利益冲突回避规范和责任追究、仲裁参与基层社会治理等具体规定，可以由地方性法规规定”，拓展地方仲裁立法的空间。

地方立法的生命力不仅在于科学制定，更在于有效实施，地方仲裁立法同样如此。否则无论多么理想的法治仲裁图景，没有从“纸面上的法”变成“行动中的法”，亦是枉然。作为地方性法规的制定主体，地方人大及其常委会肩负着推动法规落地见效的法定职责。地方人大通过强化立法后的监督评估，综合运用执法检查、工作评议、专题询问等多种方式，对地方商事仲裁法规实施情况进行全方位“法规巡视”，找准法规实施中的堵点、难点，监督地方商事仲裁相关法规在接轨国际仲裁通行规则和基层治理中的实施情况，推动优化营商环境，促进商事仲裁程序公正，强化商事仲裁与司法有效衔接，保障商事仲裁资金落实，支持仲裁机构在基层设立服务点、开展宣传活动等，保障法规建立的制度优势能够取得预期治理效能，且为后续“改、废、释”提供依据。

五、结语

经济学家林毅夫提出的制度变迁模式不仅包括“诱致性变迁”，还有“强制性变迁”。党的十一届三中全会以来，“强制性变迁”是我国主要的立法模式。我国仲裁制度恰是“强制性变迁”的产物，是“职权主义而非商人主义背景下建立的产物”。[①] “强制性变迁”尽管主要采用法律借鉴的方式得以实现，与法律面对的实际情况存在差距，但对比需要几百年，甚至上千年产生法律的“诱致性变迁”，成本要小得多，也符合我国法治建设的需要。改革开放以来，我国通过国家理性构建，迅速建成了门类齐全的中国特色社会主义法律体系。

① 沈四宝、薛源：《论我国商事仲裁制度的定位及其改革》，载《法学》2006 年第 4 期，第 69 页。

有学者感慨，“如果不是出于理性构建，这种结果如何可能”。① 地方性法规作为中国特色社会主义法律体系这棵大树上的“金枝玉叶”，具有实施上位法，针对地方性事务开展自主性、先行性立法的功能。中央立法调整的利益涉及面宽广，稍有不慎会对国家社会产生普遍不利的影响。地方人大立法主要针对一个区域内的事务，既可以为顶层立法设计提供基层立法实践，试错带来的可能代价也相对较小，又能够更好地赋予《立法法》《仲裁法》促进地方立法与商事仲裁“双向奔赴”的丰富内涵。但由于商事仲裁制度强调自主性、独立性特点以及灵活、专业、高效、便捷优势，更需要以“诱致性”方式推进地方仲裁立法，即在立法中更加深刻地体现“商人主义”色彩，淡化“职权主义”对立法的影响。法规内容应充分对接国际先进仲裁规则，充分尊重当事人的意思自治，赋予当事人在仲裁过程中更多的自主选择权，将仲裁机构的优秀经验予以固化，充分考虑将本地特定行业的惯例和商业习惯纳入，尽量减少行政干预，增加行政关怀，使仲裁更符合行业实际情况，增强仲裁结果的可接受性和执行力。同时，积极通过立法鼓励和支持仲裁机构进行制度创新和实践探索，结合本地经济社会发展的特点，开展一些具有特色的仲裁业务和创新举措。如探索人工智能在仲裁中的应用、互联网仲裁、临时仲裁等新的仲裁形式，提高仲裁服务的质量和水平。总之，地方立法赋能商事仲裁，绝非简单地“为立法而立法”，未经深入调研论证、不符合商事仲裁实际的法规反而不利于仲裁事业发展环境的优化，成为所谓的“富有特色的笨法或劣法”。②

（责任编委：杨明③）

---

① 钱大军、薛爱昌：《繁华与无序：法律体系建构的中国模式之检讨》，载《法律科学（西北政法大学学报）》2016 年第 1 期，第 16 页。

② 周旺生：《论法之难行之源》，载《法制与社会发展》2003 年第 3 期，第 18 页。

③ 中国国际经济贸易仲裁委员会西南分会副秘书长、仲裁员。

《仲裁与法律》征稿启事

《仲裁与法律》是中国创办最早的关于仲裁制度研究的全国性专业法学读物，由中国国际经济贸易仲裁委员会主办。《仲裁与法律》出版近三十年来，始终密切关注中国仲裁理论和实践问题，并及时介绍国际仲裁的最新发展。

《仲裁与法律》由出版社每年出版二辑至四辑，设有“专论争鸣”“理论探索”“实务探析”“热点时评”“域外参考”等栏目。

本编辑部欢迎业界人士投稿，投稿请关注以下事项：

1. 稿件主题请围绕仲裁法学、仲裁法律实践或研究工作，亦包括仲裁案件中经常涉及的民商事法律问题。稿件字数通常为8000—15000字（含脚注），投稿者可自定文章选题。

2. 来稿请参照《法学引注手册》做注，论文稿件一般须有300字左右的“摘要”及3—5个关键词，并应以脚注形式注明作者姓名、职务、职称、所在单位名称及详细联系方式等。

3. 投稿请将稿件Word版本发送至编辑部电子信箱：law@ cietac. org。

4. 稿件应未在出版物上公开发表过。请严格遵守学术规范，严禁抄袭、剽窃等侵犯知识产权的行为。

5. 凡向《仲裁与法律》投稿的稿件，即视为作者同意授权《仲裁与法律》其作品（包括但不限于电子版）信息网络传播权、无线增值业务权等权利，授权可授予合作单位再使用、授予相关数据库收录之权利，作者前述相关的著作权使用费将由本编辑部在稿酬内一次性给付。若作者不同意前述授权，请在来稿时书面声明，以便我们做适当处理；作者未书面声明的，视为同意本编辑部的前述安排。

6. 所载文章仅代表作者个人观点，不代表本编辑部和主办单位的观点。

7. 审稿期一般为3个月，文章出版后，即奉稿酬（普通来稿500元/千字）。

竭诚欢迎各位业界人士向《仲裁与法律》惠赐稿件。

投稿地址：北京市西城区桦皮厂胡同2号国际商会大厦6层

邮政编码：100035

电子信箱：law@ cietac. org

图书在版编目（CIP）数据

仲裁与法律．第 153 辑 / 中国国际经济贸易仲裁委员会，中国国际商会仲裁研究所编．-- 北京 ：中国法治出版社，2025. 8. -- ISBN 978-7-5216-5440-0

Ⅰ. D915. 704-55

中国国家版本馆 CIP 数据核字第 2025P90N89 号

责任编辑：秦智贤　　封面设计：杨泽江

仲裁与法律·第 153 辑

ZHONGCAI YU FALÜ · DI 153 JI

编者/中国国际经济贸易仲裁委员会　中国国际商会仲裁研究所

经销/新华书店

印刷/三河市国英印务有限公司

开本/710 毫米×1000 毫米　16 开　　印张/ 8. 25　字数/ 125 千

版次/2025 年 8 月第 1 版　　2025 年 8 月第 1 次印刷

中国法治出版社出版

书号 ISBN 978-7-5216-5440-0　　定价：38. 00 元

北京市西城区西便门西里甲 16 号西便门办公区

邮政编码：100053　　传真：010-63141600

网址：http：//www. zgfzs. com　　**编辑部电话：010-63141798**

市场营销部电话：010-63141612　　**印务部电话：010-63141606**